Admiral Wilhelm von Tegetthoff

Klaus Müller

TEGETTHOFFS MARSCH IN DIE NORDSEE

Oeversee
Düppeler Schanzen
Helgoland
im deutsch-dänischen Krieg
1864

Verlag Styria

CIP-Titelaufnahme der Deutschen Bibliothek

Müller, Klaus:
Tegetthoffs Marsch in die Nordsee : Oeversee,
Düppeler Schanzen, Helgoland im deutsch-dänischen Krieg 1864 /
Klaus Müller. – Graz ; Wien ; Köln : Verl. Styria, 1991
ISBN 3-222-12007-2

Printed in Austria
Satz und Druck:
Druck- und Verlagshaus Styria, Graz
Bindung:
Wiener Verlag, Himberg
ISBN 3-222-12007-2

Inhalt

VORGESCHICHTE UND ENTSTEHUNG DES DEUTSCH-DÄNISCHEN KRIEGES IM JAHRE 1864

Die Besetzung von Holstein und Lauenburg .. 10
Das Ultimatum Österreichs und Preußens an die dänische Regierung .. 15

DER KRIEG IN SCHLESWIG UND JÜTLAND

Der Krieg begann am 1. Februar 1864 .. 21
Das Gefecht bei Oeversee am 6. Februar 1864 .. 29
Das k. (u.) k. 27. Infanterieregiment König der Belgier .. 37
Der Marsch nach Jütland .. 39
Die Besetzung von Jütland .. 44
Das Gefecht bei Düppel am 18. April 1864 .. 48

DER KRIEG IN DER NORDSEE

Entwicklung der österreichischen Kriegsmarine bis 1864 .. 61
Vergleich der drei am Krieg beteiligten Flotten .. 64
Die Kriegsschiffe werden mobilisiert .. 70
Tegetthoffs Marsch in die Nordsee .. 73
Tegetthoff sucht den Feind .. 77
Tätigkeit der Dänen in der Nordsee .. 79
Das Seegefecht bei Helgoland am 9. Mai 1864 .. 81
Besuch auf der Fregatte »Schwarzenberg« am Tage nach dem Seegefecht bei Helgoland .. 90
Die gefallenen Österreicher werden beerdigt .. 99

Die erste Waffenruhe beginnt am 12. Mai 1864 .. 101
Bewertung des Seegefechtes .. 102
Wüllerstorfs Marsch in die Nordsee .. 107
Die Besetzung der Nordfriesischen Inseln .. 112
Die »goldenen« Tage von Cuxhaven .. 116
Der Friedensvertrag .. 117
Was heute noch an das Seegefecht bei Helgoland erinnert .. 119
Was heute noch an den Krieg im Kreis Schleswig erinnert .. 123

Erklärung der seemännischen Begriffe .. 143
Quellen- und Literaturverzeichnis .. 149
Abbildungsnachweis .. 151

Vorgeschichte und Entstehung des deutsch-dänischen Krieges im Jahre 1864

Auf dem Wiener Kongreß 1815 trat an die Stelle des 1806 beendeten Heiligen Römischen Reiches Deutscher Nation der Deutsche Bund, dem 37 souveräne Fürsten und vier freie Städte angehörten. Die Herzogtümer Holstein und Lauenburg wurden Mitglieder des Deutschen Bundes, nicht jedoch das Herzogtum Schleswig. Schleswig und Holstein waren seit 1460 in Personalunion mit Dänemark verbunden, unter der Bedingung: »Op ewig ungedeelt« (»auf ewig ungeteilt«) zu bleiben.
Nach dem Tode des dänischen Königs Christian VIII. im Jahre 1848 wurde sein Sohn als Friedrich VII. König von Dänemark und Herzog von Schleswig und Holstein. Da er keine männlichen Erben hatte, mußte die Krone kraft dänischen Königsgesetzes von 1665 nach seinem Tode 1863 in weiblicher Linie weitervererbt werden und dem Prinzen Christian von Sonderburg-Glücksburg, Schwiegersohn einer Schwester Christians VIII., zufallen. Die Herzogtümer Schleswig und Holstein jedoch, in denen die weibliche Erbfolge nicht galt, wären in diesem Falle an Herzog Christian von Sonderburg-Augustenburg übergegangen, der einer Seitenlinie angehörte.
Als Friedrich VII., um die drohende Teilung seines Reiches zu vermeiden, einen dänischen Einheitsstaat errichten und damit die Rechte der Herzogtümer beeinträchtigen wollte, erhoben sich die Schleswig-Holsteiner im März 1848 gegen ihn, und Truppen des Deutschen Bundes marschierten in die Elbherzogtümer ein. Nach wechselvollen militärischen und politischen Ereignissen wurden die Truppen des Deutschen Bundes 1849 wieder zurückgezogen. Die schleswig-holsteinische Armee wurde von den nun stark überlegenen Dänen am 25. Juli 1850 bei Idstedt geschlagen und wich bis südlich der Eider zurück.
1851 wurden die Herzogtümer im Auftrag des Deutschen Bundes von österreichischen und preußischen Truppen zwecks Herstellung von Ruhe und Ordnung besetzt und im Februar 1852 wieder an Dänemark zurückgegeben.

Um den Bestand der dänischen Monarchie zu wahren und die Erbfolge zu regeln, wurden am 8. Mai 1852 die »Londoner Protokolle« geschlossen, in denen Österreich, Preußen, Rußland, Großbritannien, Frankreich und Schweden sich Dänemark gegenüber verpflichteten, den Prinzen Christian von Sonderburg-Glücksburg als Nachfolger Friedrichs VII. in der Gesamtmonarchie anzuerkennen. Herzog Christian von Sonderburg-Augustenburg verzichtete zwar auf seine Ansprüche, aber nur in seinem eigenen Namen und nicht auch für seinen Sohn Friedrich.
In den folgenden Jahren verschärfte sich die deutsch-dänische Spannung immer mehr, da die Dänen die Rechte der Herzogtümer ständig verletzten. Schleswig sollte von Holstein losgelöst werden, um dann mit Dänemark einen bis zur Eider reichenden Einheitsstaat zu bilden. Beistand hatte Dänemark auch in dem schwedischen König Karl XV. gefunden, der 1863 Unterstützung bei der Verteidigung der Eider-Grenze versprach. Entgegen allen Vorstellungen Österreichs und Preußens und den ultimativen Forderungen des Deutschen Bundes wurde dem dänischen Reichsrat am 29. September 1863 der Entwurf einer neuen gemeinsamen Verfassung für Dänemark und Schleswig vorgelegt. Holstein und Lauenburg sollten endgültig von Schleswig getrennt werden. Der dänische Reichsrat billigte die neue Verfassung, jedoch verstarb König Friedrich VII., ohne die Genehmigung erteilt zu haben. Damit gewann neben der Verfassungsfrage nun auch die Erbfolgeproblematik an Bedeutung. Prinz Christian von Sonderburg-Glücksburg bestätigte die Verfassung und bestieg als Christian IX. den dänischen Thron.
Schleswigs Einverleibung in Dänemark war damit besiegelt. Anfang Dezember beauftragte der Deutsche Bund in Frankfurt a. M. Sachsen und Hannover mit der militärischen Besetzung von Holstein. Der Einmarsch der ca. 12.000 Mann starken Bundestruppen begann am 23. Dezember 1863 und verlief ungestört, da sich die Dänen kampflos nach Schleswig, d. h. nördlich der Eider, zurückgezogen hatten. Am 4. Januar 1864 war die Besetzung von Holstein und Lauenburg beendet. Da für die meisten deutschen Staaten die Klärung der Erbfolge im Vordergrund stand, handelten Österreich und Preußen im Alleingang und verlangten von Dänemark die sofortige Aufhebung der »November-Verfassung«. Sollte sich Dänemark weigern, würde Schleswig besetzt werden. In diesem Sinne wurde am 16. Jänner 1864 in Kopenhagen ein gemeinsames Ultimatum überreicht, das aber zwei Tage später abgelehnt wurde. Da keine andere Möglichkeit mehr bestand, Schleswig vor der widerrechtlichen Vereinigung mit Dänemark zu schützen, erfolgte am 1. Februar 1864 die Kriegserklärung Österreichs und Preußens an Dänemark, und österreichische und preußische

Oesterreich-Ungarn.

Rgt. Martini. Soldat. **Rgt. König v. Preußen.** Soldat. **Rgt. Großh. v. Hessen.** Offizier. **Rgt. König der Belgier.** Offizier u. Soldat in Mütze.

Brigade Gondrecourt.
(Die sog. eiserne Brigade.)

Brigade Nostiz.
(Die sog. schwarz-gelbe Brigade.)

K. K. Infanterie im Feldzuge 1864.

Am Feldzuge 1864 nahmen von der Linien-Infanterie folgende Regimenter teil:

Brigade Gondrecourt	Regiment Martini, No. 30 (Ostgalizier), Abzeichen lichtgrau, Knöpfe gelb. Regiment König von Preußen, No. 34 (Ungarn), Abzeichen krapprot, Knöpfe weiß.
Brigade Nostiz	Großherzog von Hessen, No. 14 (Oberösterreicher), Abzeichen schwarz, Knöpfe gelb. König der Belgier, No. 27 (Steiermärker), Abzeichen kaisergelb, Knöpfe gelb.
Brigade Thomas	Coconini, No. 6 (Ungarn), Abzeichen rosenrot, Knöpfe weiß. Prinz Wilhelm zu Glücksburg, No. 80 (Italiener), Abzeichen scharlachrot, Knöpfe weiß.
Brigade Dormus	Khevenhüller, No. 35 (Böhmen), Abzeichen krebsrot, Knöpfe gelb. Ramming, No. 72 (Ungarn), Abzeichen lichtblau, Knöpfe gelb.

Die Mannschaft der ungarischen Regimenter trug die anliegenden ungarischen Beinkleider mit schwarzgelbem Schnurbesatz, die übrigen Regimenter hatten lange Pantalon mit weißem Seitenvorstoß und dazu schwarze Gamaschen. Die Offiziere hatten auch bei den ungarischen Regimentern lange Hosen. Der hier im Vordergrund angebrachte Offizier trägt sie in hohen Schaftstiefeln (nach einer Naturskizze von L. Burger). Das war zwar keine vorschriftsmäßige, aber in dem Winterfeldzuge häufig getragene Bein- und Fußbekleidung.

Truppen überschritten die Eider und besetzten Eckernförde. Damit war der deutsch-dänische Krieg, der die endgültige Entscheidung über die schleswig-holsteinische Frage bringen sollte, eröffnet. Die alliierten Truppen drangen rasch vor und besetzten Oberselk, Jagel und Missunde. Am 6. Februar siegten die Österreicher bei Oeversee und besetzten am 29. April Fredericia. Preußische Truppen zwangen die Dänen, nach Erstürmung der Düppeler Schanzen am 18. April, zum Rückzug auf die Insel Alsen.
An dem nun ausgebrochenen Krieg wirkte neben den Heeresverbänden auch die österreichische und preußische Kriegsmarine erfolgreich mit.

DIE BESETZUNG VON HOLSTEIN UND LAUENBURG

Am 1. Oktober 1863 beschloß der Deutsche Bund, ein Exekutionsverfahren gegen Dänemark durchzuführen. Entsprechend den Festlegungen sollten Sachsen und Hannover mit je 6000 Mann die Herzogtümer Holstein und Lauenburg besetzen. Österreich und Preußen sollten sich, für den Fall des Widerstandes, bereithalten.
Am 2. Oktober 1863 legte die dänische Regierung dem Reichsrat den Verfassungsentwurf für den Eiderstaat Dänemark-Schleswig zur Genehmigung vor, der in einer Sitzung am 13. November 1863 mit 41 gegen 16 Stimmen angenommen wurde und am 1. Januar 1864 in Kraft treten sollte. Ohne die Genehmigung erteilt zu haben, verstarb jedoch König Friedrich VII. zwei Tage später auf Schloß Glücksburg. Prinz Christian von Sonderburg-Glücksburg bestieg als Christian IX. den dänischen Thron und bestätigte die neue Verfassung am 18. November 1863. Damit schwand die letzte Hoffnung, den deutsch-dänischen Streit auf gütlichem Wege zu regeln. Die mit der Exekution beauftragten Regierungen von Sachsen, Hannover, Österreich und Preußen setzten am 15. Dezember 1863 die dänische Regierung von dem seitens des Deutschen Bundes gefaßten Beschluß in Kenntnis.
Für die Bundesexekution hatte das Königreich Sachsen unter dem Kommando von Generalmajor (GM) von Schimpff eine Brigade mit etwa 6500 Mann, ca. 2000 Pferden und 16 Geschützen bereitgestellt. Ein ähnliches Aufgebot an Truppen, Pferden und Kriegsmaterial wurde auch vom Königreich Hannover unter dem Kommando von Generalleutnant (GL) von Gebser beigesteuert. In Österreich hatte sich auf Befehl von Kaiser

Preussen.

Düppeler Sturmanzug. Feldmarschmässiger Anzug.

Pioniere

im Feldzuge 1864.

Ebenso wie bei der Infanterie, brachte der Winterfeldzug 1864 auch bei der Pionierwaffe manche Neuerungen auf, die die Erscheinung des Mannes veränderten. In erster Linie ist es die Fuss- bezw. Beinkleidung. Man fing an die Hosen in den Stiefeln zu tragen. Da aber ein grosser Teil der Mannschaft nur kurzschäftige Stiefel hatte, zog man die Strümpfe über den unteren Teil der Beinkleider. Ebenso bildete sich der Brauch die beiden zusammengeschnallten Enden des gerollten Mantel nach oben zu tragen. Als Waffe diente den Pionieren damals eine Miniébüchse mit Bajonett. Erst durch die Allerhöchste Kabinetts-Ordre vom 16. 11. 1865 erhielten sie ein Zündnadelgewehr mit aufzusetzendem Pionier-Faschinenmesser. Dieses Gewehr war 6 Zoll kürzer als die Zündnadel-Jägerbüchse, und hatte keinen Entladestock. Feldflaschen waren 1864 noch nicht vorschriftsmässig. Es wurden solche erst nach dem Feldzuge von 1866 eingeführt. Die Mannschaft trug Flaschen nach eigner Wahl. Im Hintergrunde unserer Abbildung die in der Düppler Gegend weithin sichtbare Kirche von Broacker. Auf einer der beiden Türme befand sich damals ein Beobachtungsposten.

Franz Joseph I. die in Böhmen stationierte Infanteriebrigade GM Graf Gondrecourt für den Einsatz in Holstein bereitzuhalten. Wenige Tage später erhielten auch die Infanteriebrigaden GM von Nostitz und GM Tomas in Wien, GM Dormus in Ungarn sowie die Kavalleriebrigade GM Baron Dobrzensky in Böhmen die Anweisung, sich ebenfalls für die Exekution in Holstein bereitzuhalten. Dieses VI. kaiserlich-königliche (k. k.) Armeekorps stand unter dem Befehl des Feldmarschalleutnants (FML) Freiherrn von Gablenz und setzte sich wie folgt zusammen:

1. Infanteriebrigade – Kommandant: Generalmajor (GM) Graf Gondrecourt (Generalstabsoffizier Baron Sternegg)
- 18. Feldjägerbataillon (Oberstleutnant von Tobias)
- 30. Infanterieregiment Baron Martini (Oberst Baron Abele)
- 34. Infanterieregiment König von Preußen (Oberst Benedek)

2. Infanteriebrigade – Kommandant: Generalmajor (GM) Dormus (Generalstabsoffizier Baron Handel)
- 22. Feldjägerbataillon (Oberstleutnant Ritter von Siller)
- 35. Infanterieregiment Graf Khevenhüller (Oberst Kamptner)
- 72. Infanterieregiment Freiherr von Ramming (Oberst Ritter von Abele)

3. Infanteriebrigade – Kommandant: Generalmajor (GM) von Nostitz (Generalstabsoffizier Ambrozy)
- 9. Feldjägerbataillon (Oberstleutnant Schidlach)
- 14. Infanterieregiment Großherzog von Hessen (Baron Schütte)
- 27. Infanterieregiment König der Belgier (Oberst Wilhelm, Herzog von Württemberg)

4. Infanteriebrigade – Kommandant: Generalmajor (GM) Tomas (Generalstabsoffizier Wenzl)
- 11. Feldjägerbataillon (Oberst von Schwab)
- 6. Infanterieregiment Graf Caronini (Oberst von Feldegg)
- 80. Infanterieregiment Prinz zu Holstein (Graf Auersperg)

Kavalleriebrigade – Kommandant: Generalmajor (GM) Baron Dobrzensky (Generalstabsoffizier Graf Uexküll)
- 2. Dragonerregiment Fürst Windischgrätz (Graf Bellegarde)
- 9. Husarenregiment Fürst Liechtenstein (Baron von Süssenberg)

Das k. k. österreichische VI. Armeekorps verfügte über 27.050 Mann, 4838 Pferde und 48 Geschütze.

Die k. preußische Regierung rüstete seit Mitte November für die Bundesexekution in Holstein die 6. Infanteriedivision (Brandenburg), die 13. Infanteriedivision (Westfalen) und eine Kavalleriedivision aus. Bis zum 19. Januar 1864 hatten sich die Truppen aus der Provinz Brandenburg im Raum Perleberg/Prignitz und diejenigen aus der Provinz Westfalen bei Minden einzufinden.
Das k. preußische I. Armeekorps stand unter dem Befehl des Generals der Kavallerie Prinz Friedrich Karl von Preußen und setzte sich wie folgt zusammen:

6. INFANTERIEDIVISION – Kommandant: Generalleutnant (GL) von Manstein (Generalstabsoffizier von Unger)
- 11. Infanteriebrigade – Kommandant: Generalmajor (GM) Freiherr von Canstein
- 12. Infanteriebrigade – Kommandant: Generalmajor (GM) von Roeder

13. INFANTERIEDIVISION – Kommandant: Generalleutnant (GL) von Wintzingerode (Generalstabsoffizier Freiherr von Dörnberg)
- 25. Infanteriebrigade – Kommandant: Generalmajor (GM) von Schmidt
- 26. Infanteriebrigade – Kommandant: Generalmajor (GM) von Goeben

KOMBINIERTE KAVALLERIEDIVISION – Kommandant: Generalmajor (GM) Graf zu Münster-Meinhövel (Generalstabsoffizier von Stedingk)
- 6. Kavalleriebrigade (Oberst Flies)
- 13. Kavalleriebrigade (GM von Hobe)

KOMBINIERTE GARDEDIVISION – Kommandant: Generalleutnant (GL) von der Mülbe (Generalstabschef von Alvensleben)

KOMBINIERTE GARDE-INFANTERIEBRIGADE (GM Graf von der Goltz)

KOMBINIERTE GARDE-INFANTERIEBRIGADE (Oberst von Bentheim)

Das k. preußische I. Armeekorps verfügte über 45.136 Mann, 13.656 Pferde und 110 Geschütze.

Der Aufmarsch der Exekutionstruppen an der Grenze Holsteins und Lauenburgs wurde mit Hilfe der Eisenbahn in wenigen Tagen abgewickelt. Am 16. Dezember trafen die k. sächsischen Truppen an der lauenburgischen Grenze bei Boizenburg an der Elbe ein. Etwa zur gleichen Zeit bezog die k. hannoverische Brigade zwischen Lüneburg und Harburg und die k. preußische Brigade GM von Canstein in und bei Lübeck Quartier. Schließlich übernahm am 18. Dezember 1863 der sächsische GL von Hake das Kommando über die Bundesexekutionstruppen. Die österreichische Brigade GM Gondrecourt fuhr mit acht Dampfzügen in Richtung Holstein und traf bis zum 21. Dezember mit ca. 5000 Mann in Hamburg ein. Wenige Tage später ließ GM Gondrecourt im Einvernehmen mit dem Senat der Freien und Hansestadt Hamburg in Eimsbüttel ein Hilfsspital mit 200 Betten einrichten.

Während die deutschen Exekutionstruppen an der Grenze Holsteins aufmarschierten, überbrachte der dänische Kommandant in Holstein und Lauenburg, GM Steinmann, dem kommandierenden GL von Hake die Mitteilung, daß er seine Truppen aus Holstein zurückziehen werde. Obwohl die beiden Verhandlungspartner ausgesprochen höfliche Briefe über die Modalitäten der Räumung austauschten, konnte man sich nicht auf die Räumungstermine einigen, da die Dänen Kiel erst am 31. Dezember und Rendsburg am 2. Januar 1864 räumen wollten. GL von Hake sah keinen Grund, eine weitere Verzögerung der Räumung hinzunehmen und forderte die Räumung Kiels für den 29. und die Rendsburgs per 31. Dezember. Er hatte auch Anlaß, auf eine schnelle Räumung zu drängen, nachdem ihm bekannt geworden war, daß nicht nur die dänischen Truppen, sondern auch bewegliches Material mit der Eisenbahn von Altona nach Rendsburg und von Neumünster nach Kiel hinter die Eider gebracht werden sollte. Am 27. Dezember erhielt GL von Hake die Mitteilung, daß sich die dänischen Truppen bis zum 31. Dezember 1863 nördlich der Eider befinden würden. Sofort setzte GL von Hake die in Boizenburg lagernde k. sächsische Brigade in Marsch und erreichte über Neumünster und Nortorf am 30. Dezember Jevenstedt bei Rendsburg. Bei Annäherung der deutschen Truppen verließ die dänische Besatzung Rendsburg und zog sich auf das nördliche Ufer der Eider zurück. Am Vormittag des 31. Dezember 1863 rückten die k. sächsischen Truppen unter dem Kommando des GM von Schimpff in Rendsburg ein.

Die hannoverische Brigade hatte bereits am 26. Dezember Wandsbek und Pinneberg und am 28. und 29. Dezember Ploen und Kiel besetzt. Ein hannoverisches Bataillon stand in Elmshorn und Glückstadt. Die österreichischen und preußischen Truppen blieben vorläufig auf Hamburger und Lübecker Gebiet.

Am 2. Januar 1864 rückten zwei sächsische Jägerbataillone aus Jevenstedt nach Hademarschen ab und erreichten am 3. Januar Heide. Als diese Verbände am nächsten Tag zur Eider vorstießen, stellte man fest, daß sich die Dänen bereits nach Friedrichstadt, auf dem rechten Ufer der Eider, zurückgezogen hatten. Die sächsischen Truppen lagen am 5. Januar in Lunden und Umgebung. Ihr Rückweg führte wieder über Heide nach

Hademarschen. Am 8. Januar nahmen die Sachsen in Hohenwestedt Quartier. Eine Schwadron sächsischer Kavallerie war zur Beobachtung der Orte Friedrichstadt und Tönning zunächst in Heide geblieben, wurde aber am 8. Januar durch hannoverische Dragoner abgelöst. Damit waren entsprechend den Beschlüssen der Bundesversammlung in Frankfurt a. M. die Herzogtümer Holstein und Lauenburg von den Bundestruppen besetzt. Zu diesem Zeitpunkt standen ca. 20.000 dänische Soldaten nördlich der Eiderlinie und der Dannewerkstellung.
Daß die Besetzung bisher ohne Blutvergießen verlief, lag an dem guten Willen der Dänen, denn sie hätten, mit guter Aussicht auf Erfolg, die weit verstreuten Exekutionstruppen aus Holstein vertreiben können.

DAS ULTIMATUM ÖSTERREICHS UND PREUSSENS AN DIE DÄNISCHE REGIERUNG

Nachdem die Exekutionstruppen in Holstein eingerückt waren, stellten Österreich und Preußen vor dem Deutschen Bund am 28. Dezember 1863 den Antrag, daß die Bundesversammlung die k. dänische Regierung auffordern sollte, die modifizierte Verfassung vom 18. November aufzuheben. Sollte sich Dänemark weigern, würde das Herzogtum Schleswig militärisch besetzt werden. Dieser österreichisch-preußische Antrag wurde aber in der Bundestagssitzung am 14. Januar 1864 mit elf gegen fünf Stimmen abgelehnt. Daraufhin erklärten die beiden deutschen Großmächte Österreich und Preußen, daß sie die militärische Besetzung allein vornehmen würden. Am 16. Januar richteten beide Staaten an die dänische Regierung noch einmal die Aufforderung, die ohne Rechtsgrundlage erstellte Verfassungsänderung rückgängig zu machen. Sollte die dänische Regierung dieser Aufforderung nicht nachkommen, so würden geeignete Maßnahmen zur Sicherung des Herzogtums Schleswig gegen die widerrechtliche Vereinigung mit dem Königreich Dänemark durchgeführt. Da eine abschlägige Antwort aus Kopenhagen eintraf, beschlossen Österreich und Preußen, gemeinsam in Schleswig einzumarschieren. Die österreichischen und preußischen Truppen, die für die Exekution in Holstein vorgesehen waren, erhielten nun den Befehl, in Schleswig einzurücken, und zwar unter dem Kommando des k. preußischen Generalfeldmarschalls (GFM) Freiherrn von Wrangel.
Da Österreich und Preußen die Operationen gegen Dänemark allein durchführen wollten, mußten die zuvor festgelegten Truppentransport-

wege der Eisenbahn durch andere Gebiete geführt werden. Da auch Sachsen und Bayern die Durchfahrt der Truppen untersagten, nahmen die österreichischen Verbände den Weg durch das Königreich Preußen.
Die bereits in Hamburg stationierte k. k. 1. Infanteriebrigade Gondrecourt erhielt aus Berlin den Befehl, aus dem Verband der Exekutionstruppen auszuscheiden, und rückte, mit Ausnahme des 2. Bataillons des k. k. Infanterieregiments Martini, das samt zwei Geschützen zur Bewachung des Hamburger Bahnhofes zurückblieb, am 22. Januar in die Gegend von Neumünster vor. Das k. k. 18. Feldjägerbataillon bezog Quartier in Nortorf, während die k. preußische 11. Infanteriebrigade von Canstein am 22. Januar von Lübeck in die Gegend um Ploen marschierte.
Das Gros des k. preußischen I. Armeekorps des Prinzen Friedrich Karl erreichte Ploen ebenfalls am 22. Januar. In den folgenden Tagen trafen auch die brandenburgischen Truppen aus Perleberg dort ein. Die bei Minden konzentrierten westfälischen Truppen fuhren mit der Eisenbahn über Hannover nach Hamburg und gelangten in Fußmärschen in die Gegend von Ploen. Nachdem die westfälische 13. Infanteriedivision Hamburg verlassen hatte, traf die Vorhut des k. k. VI. Armeekorps am 25. Januar in Hamburg ein. Die Abfahrt der k. k. Truppen aus Wien und Ungarn erfolgte am 19. und 20. Januar. Die Truppen der Garnison Wien wurden von Kaiser Franz Joseph I. auf der Ringstraße verabschiedet. Ihr Weg führte über Breslau und Berlin. Hier wurde das k. k. 27. Infanterieregiment König der Belgier von König Wilhelm I. besonders herzlich begrüßt. Mit dem Überschreiten der österreichischen Staatsgrenze unterstand das k. k. VI. Armeekorps dem Befehl des GFM von Wrangel, der am 20. Januar 1864 das Oberkommando der alliierten Armee angetreten und in seinem Tagesbefehl u. a. folgendes gesagt hatte:
»Nach Übereinkunft Ihrer Majestäten des Kaisers von Österreich und des Königs von Preußen wurde ich zum Oberbefehlshaber der nach Schleswig bestimmten verbündeten Armee ernannt. Was die Zukunft uns auch bringe, lasset uns nur einem Ziele entgegengehen: Durch inniges Zusammenhalten und treue Pflichterfüllung unseren erhabenen Kriegsherren zu zeigen, daß wir überall, also auch in Schleswig, es verstehen, das in uns gesetzte Vertrauen zu rechtfertigen. Als gemeinsames Erkennungszeichen wird jeder Soldat eine weiße Binde um den linken Oberarm tragen. Es ist dasselbe Zeichen, mit dem vor fünfzig Jahren österreichische und preußische Truppen in Eintracht vereint gekämpft und gesiegt haben.«
FML von Gablenz, der das Kommando des k. k. VI. Armeekorps am 16. Januar 1864 übernommen hatte, war seinen Truppen vorausgefahren und wurde am 22. Januar in Berlin von König Wilhelm I. und von GFM

von Wrangel empfangen, bevor er am 24. Januar in Hamburg eintraf. Am 25. Januar erreichte GFM von Wrangel Hamburg und schlug am 29. Januar sein Hauptquartier in Bordesholm auf.
Zwischen dem 28. und 30. Januar wurde der größte Teil der k. k. Truppen mit der holsteinischen Eisenbahn nach Neumünster und Nortorf transportiert, wobei sie folgende Ortsunterkünfte fanden:
Die 1. Infanteriebrigade Gondrecourt in Enkendorf, Deutsch-Nienhof, Westensee, Wrohe und Bokel; die 3. Infanteriebrigade Nostitz in Nortorf, Schmalstede (9. Feldjägerbataillon), Langwedel und Blumenthal (27. Infanterieregiment König der Belgier), Warder und Schülp; die 4. Infanteriebrigade Tomas in Luhnstedt, Heinkenborstel, Timmaspe und Gnutz. Erst am 30. Januar traf die Infanteriebrigade Dormus in Hamburg ein und fuhr anschließend nach Neumünster weiter.

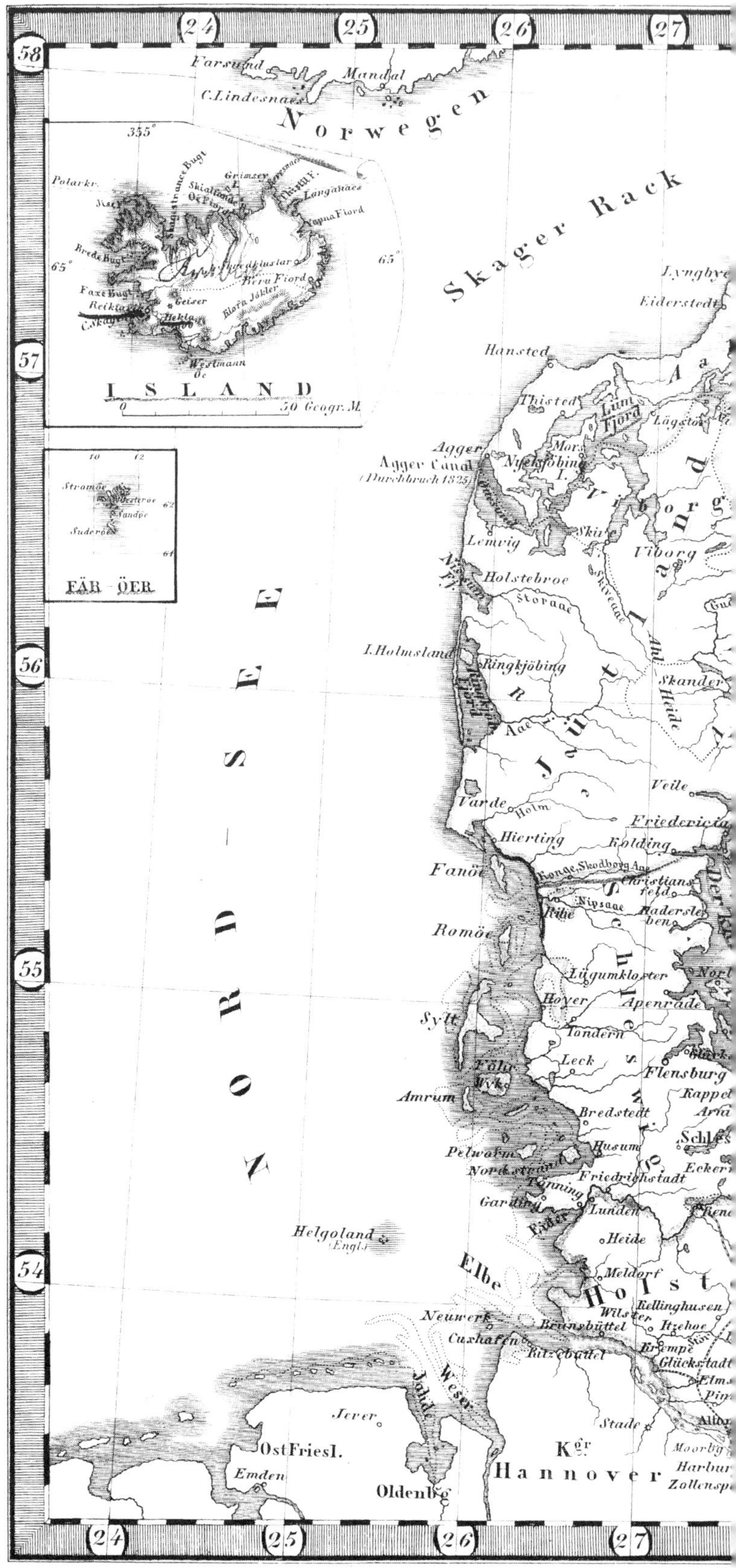

Karte von Schleswig, Holstein und Jütland in den Grenzen bis 1864

DÆNEMARK
mit
SCHLESWIG,
HOLSTEIN,
UND LAUENBURG,
ISLAND u. FÄR ÖER.
Kattegat
Sund
Seeland
Der grosse Belt
Fünen (Fyen)
Laaland
Falster
I. Möen
I. Fehmarn
I. Rügen
OST - SEE
SCHWEDEN
Bornholm
Christiansöe
Mecklenburg
Pommern
Kl. Gr. Haff
Lauenb.
Anholt
Hesselöe
Laessöe
Samsöe
Skagen
Marstrand
Kongelf
Gothenburg
Kungsbacka
I. Winga
Nidingen
Warberg
Falkenberg
Halmstad
Laholm
Engelholm
Helsingborg
Landskrona
Lund
Malmö
Trälleborg
Ystad
Skanör
Falsterbo
Cimbrishamn
Rörum
Ahus
Christianstadt
Carlshamn
Ronneby
Carlskrona
Sölvitsborg
Wexio
Jönköping
Wettern S.
Ulricehamm
Borås
Alingsås
Göta
Wiska
Ätran
Nissa
Laga
Helge
Kronenborg
Helsingör
Hilleröe
Hven
Frederikssund
KOPENHAGEN
Amak
Roeskilde
Kallundborg
Ringsted
Sorõe
Korsör
Skielskiör
Nestved
Kiöge
Hedinge
Praestöe
Wordingborg
Stege
Stubbekiöbing
Nykiöbing
Nakskov
Marieboe
Nyested
Rödbye
Nyekiöbing
Nordbye
Ebeltoft
Helgenaes
Grenaae
Mariager Fjord
Nyeborg
Kiertemünde
Svendborg
Faaborg
Langeland
Friedrichsort
Heiligenhafen
Oldenburg
Lütjenburg
Preetz
Eutin
Neustd.
Travemünde
Lübeck
Trave
Gr. Grönau
Ratzeburg
Mölln
Lauenburg
Warnemünde
Rostock
Wismar
Schwerin
Stralsund
Anklam
Stettin
Damm
Stargard
Oder
Treptow
Kolberg
5 0 5 10 Geogr. Meilen
28 29 30 31 32 33
58 57 56 55 54

Der Krieg in Schleswig und Jütland

DER KRIEG BEGANN AM 1. FEBRUAR 1864

Das Gros des k. k. VI. Armeekorps marschierte südlich von Rendsburg auf, während sich das k. preußische I. Armeekorps bei Kiel sammelte. Beim Vorgehen der alliierten Armeen mußte das den linken Flügel bildende österreichische VI. Armeekorps auf das südlich von Schleswig befindliche Dannewerk stoßen, das seit 1850 zu einem starken Verteidigungssystem ausgebaut worden war. Dem auf dem rechten Flügel vorgehenden preußischen I. Armeekorps fiel die Aufgabe zu, Missunde zu erreichen und die Schlei zu überqueren.
Am Abend des 31. Januar 1864 stand das k. k. VI. Armeekorps, mit Ausnahme der 2. Infanteriebrigade Dormus, an der Eiderlinie. Auf dem nördlichen Ufer der Eider stand das dänische Armeekorps unter dem Befehl des GL de Meza, das sich wie folgt zusammensetzte:

1. INFANTERIEDIVISION – Kommandant: GL Gerlach
2. INFANTERIEDIVISION – Kommandant: GM du Plat
3. INFANTERIEDIVISION – Kommandant: GM Steinmann
KAVALLERIEDIVISION – Kommandant: GL Hegermann-Lindencrone
RESERVEINFANTERIE – Kommandant: GL Carrvi

Dem k. dänischen Armeekorps standen Ende Januar 1864 ca. 30.000 Mann zur Verfügung.

Am 31. Januar forderte GFM von Wrangel den dänischen Befehlshaber GL de Meza noch einmal auf, Schleswig freiwillig zu räumen. Als GL de Meza den Inhalt des Briefes gelesen hatte, wandte er sich an die Überbringer des Briefes, zwei preußische Adjutanten, mit den Worten: »... wenn Seine Excellenz der Herr Feldmarschall Gewalt ausüben will, ich stehe bereit, jeder Gewalttat mit Waffen zu begegnen.« Als GFM von Wrangel

am Abend des 31. Januar 1864 diese Antwort erhalten hatte, sandte er an seine beiden Korpskommandanten folgendes Telegramm: »In Gottes Namen – drauf!« Am 1. Februar 1864 um 7.30 Uhr erfolgte der Übergang über die Eider. Während die 3. Infanteriebrigade Nostitz den Weg über die Schleusenbrücke wählte, erreichte die 1. Infanteriebrigade Gondrecourt das nördliche Ufer über die Eisenbahnbrücke Rendsburg. Beide Verbände vereinigten sich in Rickert auf dem rechten Eiderufer.
Das 18. Feldjägerbataillon überquerte den zugefrorenen Fluß. Am Abend des 1. Februar befand sich die 3. Infanteriebrigade Nostitz westlich der Eisenbahnlinie bei Ahrenstedt mit Vorposten an dem Flüßchen Sorge und bei Duvenstedt. Die 1. Infanteriebrigade Gondrecourt bezog östlich der Eisenbahnlinie zwischen Duvenstedt, Holzbunge bis Wittensee Quartier. Die 4. Infanteriebrigade Tomas nahm Unterkunft in Büdelsdorf und die Kavalleriebrigade Dobrzensky in und um Fockbek. Die nachrückende 2. Infanteriebrigade Dormus erreichte an diesem Tag Nortorf.
Während die Österreicher die Eider überquerten, ging auch das gesamte preußische I. Armeekorps über den Fluß, und zwar u. a. bei Kluvensiek und Königsförde, um über Sehestedt bis nach Marienthal zu gelangen.
Der Vormarsch der preußischen Truppen ging ohne nennenswerten Widerstand der Dänen vor sich. Lediglich bei Windeby stieß das brandenburgische Infanterieregiment Nr. 60 auf feindliche Abteilungen, und es kam zu einem kurzen Feuergefecht. Bei Neudorf (Neudorf-Bornstein) traf man auf eine dänische Infanterieabteilung, die sich jedoch nach Eckernförde zurückzog. Schon um 11.00 Uhr vormittags standen die preußische 11. und 12. Infanteriebrigade bei Neudorf. Als GL von Manstein die Meldung erhielt, daß die dänische Korvette »Thor« (12 Kanonen) und der dänische Schoner »Esbern Snare« (3 Kanonen) im Hafen von Eckernförde lägen, wurden auf dem Mövenberg und in Wilhelmsthal 6pfündige Geschütze eiligst in Stellung gebracht und das Feuer eröffnet. Die dänischen Schiffe erwiderten zwar das Feuer, verschwanden aber aus der Bucht. Um die Mittagszeit traf die Nachricht ein, daß Eckernförde von den Dänen geräumt worden sei. GL von Manstein, dessen Infanteriedivision inzwischen am Goossee eingetroffen war, ließ die Stadt unter dem Jubel der Bevölkerung besetzen. Im Laufe des Tages erreichten die preußischen Vorposten die Linie Eckernförde–Wittensee, wo sie sich bei Holzbunge den österreichischen Vorposten anschlossen. Damit endete der erste Kriegstag ohne nennenswerten Widerstand der Dänen.
Die preußische 6. Infanteriedivision stand jetzt im Gebiet zwischen Holtsee, Harzhof und Lehmsiek und die preußische 13. Infanteriedivision bei Eckernförde.

Das Korpsquartier des Prinzen Friedrich Karl befand sich in Hohenlieth, und GFM von Wrangel hatte sein Hauptquartier nach Rendsburg verlegt. Am 2. Februar rückte die preußische Gardedivision aus Rendsburg bis an die Sorge vor, um hier die Vorposten der k. k. Truppen zu übernehmen. Das k. k. VI. Armeekorps hatte die von ihm besetzten Ortschaften westlich der Eisenbahnlinie zu räumen. In der Folge marschierte die 3. Infanteriebrigade Nostitz nach Owschlag und stellte ihre Vorposten am Westermoor auf. Die 4. Infanteriebrigade Tomas wurde von Büdelsdorf nach Ahlefeld verlegt. Um Fühlung mit dem Feind zu bekommen, entsandte FML von Gablenz eine Kavallerieabteilung gegen Lottorf. Die aus Liechtenstein-Husaren und Windischgrätz-Dragonern bestehende Abteilung stieß bei dem Hause Torfschuppen auf eine größere feindliche Infanterietruppe. Trotz heftiger Gegenwehr wurden die Dänen in den Hof des Gebäudes gedrängt. Da aber eine ca. 700 Mann starke feindliche Infanterieabteilung aus Oberselk nahte, mußte sich die Kavallerieabteilung zurückziehen. In der Nacht versuchte eine feindliche Kavallerieabteilung die Linie Brekendorf–Norby zu durchbrechen, wurde aber vom 27. Infanterieregiment König der Belgier zurückgeworfen.
Das preußische I. Armeekorps hatte am 2. Februar 1864 auf der Linie Eckernförde–Kochendorf–Götheby–Holm vorzurücken. Bereits morgens um 9.00 Uhr konnte die Linie besetzt werden, nachdem es auf dem Wege dorthin zu keiner Feindberührung gekommen war. Die Dänen hatten die Orte bereits in der Nacht verlassen und sich nach Missunde an der Schlei zurückgezogen, allerdings nicht ohne zuvor die Brücken demoliert und die Dorfeingänge verbarrikadiert zu haben. Obwohl das preußische I. Armeekorps die für diesen Tag gestellte Aufgabe erfüllt hatte, beschloß Prinz Friedrich Karl, bis Missunde vorzugehen, dessen Befestigung aus zwei im Süden der Halbinsel gelegenen Schanzen bestand. Die Schanze westlich der Straße von Kosel war mit vier 12pfündigen Kugel- und vier 24pfündigen Granatkanonen und die Schanze östlich der Straße mit zwei 12pfündigen Kugel- und vier 24pfündigen Granatkanonen armiert. Um 1.00 Uhr mittags begann der mehrstündige Artilleriekampf, bei dem die auf dem freien Feld stehenden preußischen Geschütze benachteiligt waren. Insgesamt verfeuerten die Preußen 4172 Schuß, ohne jedoch die Schanzen wirkungsvoll getroffen zu haben.
Nach den Weisungen des Armeekommandos hatte das k. k. VI. Armeekorps am 3. Februar 1864 auf der Linie Oberselk–Jagel vorzurücken. Daß GFM von Wrangel die österreichischen Truppen auf das als nahezu uneinnehmbar geltende Dannewerk marschieren ließ, hatte seinen guten Grund: Die Habsburger-Monarchie war die einzige Macht in diesem

Krieg, die kampferfahrene Soldaten einsetzen konnte, da viele von ihnen Teilnehmer des Krieges im Jahre 1859, zwischen Frankreich und Sardinien gegen Österreich, waren. FML von Gablenz setzte die 4. Infanteriebrigade über Geltorf nach Loopstedt und die 1., 2. und 3. Infanteriebrigade über Brekendorf nach Oberselk in Marsch. An diesem Tage war der Marsch beschwerlich, denn anhaltender Regen und Tauwetter hatten den Boden aufgeweicht. Als die Truppen das unbesetzte Lottorf erreichten, gab es keinen Zweifel, daß bei Oberselk eine bedeutende dänische Nachhut stand. Eine westlich durch das Moorgebiet marschierende Truppenabteilung erreichte Jagel und wurde von den Dänen heftig beschossen. In dem aus zwanzig Gehöften bestehenden Dorf entwickelte sich ein hartnäckiger Kampf, wobei von Mann zu Mann um jedes einzelne Haus verbissen gerungen wurde. Erst nach zweistündigem Gefecht konnte Jagel eingenommen werden.
Auch das Gros der 1. Infanteriebrigade stieß auf heftigen Widerstand. Die Dänen mußten aber dem Ansturm weichen und zogen sich allmählich bis in die Höhe von Oberselk zurück. Mit Unterstützung der Artillerie konnte Oberselk letzten Endes doch erobert werden.
Um sich den Besitz des Ortes nachhaltig zu sichern, ordnete GM Gondrecourt an, mit einem weiteren Ansturm den dominierenden Königshügel (Königsberg) anzugreifen. Die dort gut postierte feindliche Artillerie überschüttete die Österreicher mit einem Hagel von Geschossen. Lange Zeit leisteten die dänischen Soldaten Widerstand, zumal der anwesende König Christian IX. die Kampfmoral positiv beeinflußte. Nachmittags um 4.00 Uhr stellte sich GM Gondrecourt persönlich an die Spitze des 18. Feldjägerbataillons und feuerte die Männer zum Siege an, indem er hoch zu Roß vor den stürmenden Soldaten den Säbel schwang. Die Regimentsmusik intonierte den Radetzkymarsch, und unter tosendem Hurra wurde der Angriff auf die Höhe durchgeführt. Nach erbittertem Kampf wurde der für die weiteren Operationen gegen das Dannewerk strategisch wichtige Königshügel erstürmt. Der Sieg mußte teuer bezahlt werden, denn 30 Offiziere und 347 Mann waren gefallen oder verwundet. Die Dänen verloren an diesem Tage neun Offiziere und 411 Mann an Toten, Verwundeten oder Gefangenen.
Am Nachmittag des 3. Februar begab sich Prinz Friedrich Karl in das Armeehauptquartier nach Damendorf, um von hier aus gemeinsam mit GFM von Wrangel nach Oberselk zu reiten. Nach Beendigung des Gefechtes bei Oberselk versammelten sich der Armeekommandant und die Korpskommandanten mit ihren Stabsoffizieren in dem an der Straße gelegenen Hause Hahnenkrug. GFM von Wrangels Vorschlag, das Dan-

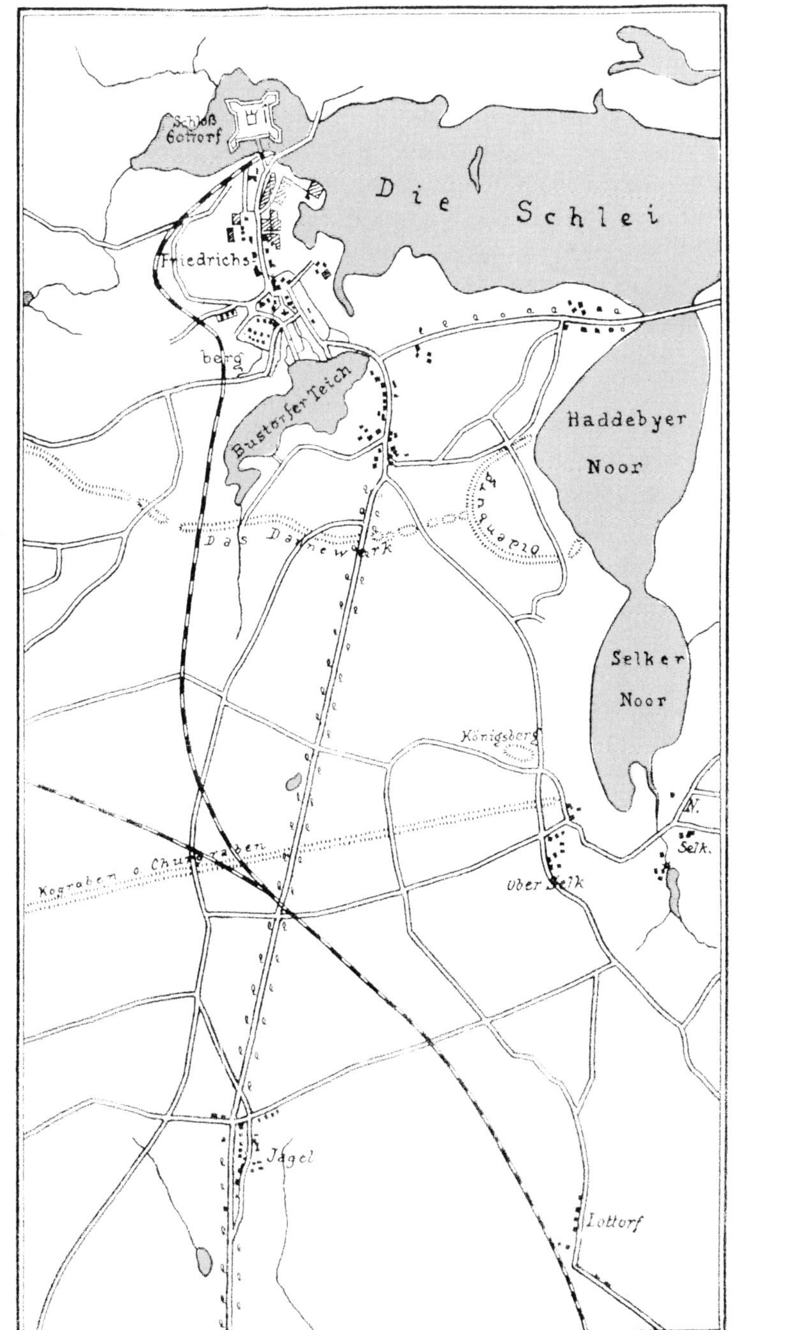

Skizze zum Gefecht am Königshügel am 3. Februar 1864

newerk sofort anzugreifen, scheiterte an den begründeten Einwänden des FML von Gablenz und seines Stabes, denn die Erstürmung des Dannewerkes wäre nur nach vorhergehendem Artilleriebeschuß denkbar gewesen. Die dafür erforderlichen schweren Geschütze hätten aber erst aus Magdeburg herbeigeschafft werden müssen. Da alle Anwesenden Bedenken zum sofortigen Angriff äußerten, modifizierte GFM von Wrangel seinen Plan dahingehend, daß die Erstürmung des Dannewerkes erst dann erfolgen sollte, wenn der Übergang über die östliche Schlei durch das preußische I. Armeekorps geglückt sei. Würde es gelingen, mit einem Teil der alliierten Armeen die Dannewerkstellung zu umgehen, dann hätten die Dänen den Feind im Rücken und wären gezwungen, das Dannewerk zu räumen.
Am 4. Februar befand sich die 3. Infanteriebrigade Nostitz auf dem Königshügel, wo auch das 2. Bataillon König der Belgier mit zwei Geschützen verblieb. Die 2. Infanteriebrigade Dormus hatte in Lottorf und Geltorf Quartier bezogen, und die 4. Infanteriebrigade Tomas stand in Fahrdorf. Die 1. Infanteriebrigade Gondrecourt lag zur Erholung in Oberselk. GFM von Wrangel hatte Prinz Friedrich Karl befohlen, in der Nacht vom 5. auf 6. Februar die Schlei bei Arnis und Kappeln zu überqueren. Die Konzentration des preußischen I. Armeekorps auf dem rechten Flügel machte Kräfteverschiebungen auf dem linken Kampfabschnitt notwendig, wobei die 2. Infanteriebrigade Dormus nach Missunde verlegt wurde. Jagel war neuer Standort des 18. Feldjägerbataillons der 1. Infanteriebrigade Gondrecourt und des 34. Infanterieregiments König von Preußen. GM Tomas rückte zur Verstärkung mit dem 80. Infanterieregiment Prinz zu Holstein von Fahrdorf nach Oberselk. Die 3. Infanteriebrigade Nostitz blieb am 5. Februar auf dem Königshügel gefechtsbereit. Obwohl es an diesem Tag zu schneien begann und gegen Abend ein Sturm aufkam, wurde von den aufgestellten Vorposten beim Gegner eine wachsende Unruhe wahrgenommen. Wagengerassel und andere Geräusche ließen eine Aktion des Gegners vermuten. Tatsächlich waren die dänischen Truppen in dieser finsteren Nacht vollständig abgerückt. Wahrscheinlich um die Rückzugsbewegung solange wie möglich zu verschleiern und das Nachrücken der k. k. Truppen zu verzögern, war am Abend des 5. Februar bei Fahrdorf ein dänischer Parlamentär bei dem 6. Infanterieregiment Graf Caronini mit der Bitte erschienen, am kommenden Tag das Feuer nicht zu eröffnen, damit die bei Busdorf liegenden Toten und Verwundeten zurückgeschafft werden könnten. Der erbetenen 24stündigen Waffenruhe wurde seitens der Österreicher nicht entsprochen, doch gab FML von Gablenz die Zusicherung, daß bis 8.00 Uhr morgens unbewaff-

Schleswig – Schloß Gottorf

nete Sanitäter unbehelligt bleiben werden. Der mit dieser Entscheidung zurückkehrende k. k. Offizier traf den Parlamentär nicht mehr an. Auf der Suche nach dem Dänen wurde der k. k. Offizier von Bürgern aus Schleswig darüber informiert, daß alle Dänen Schleswig und auch das Dannewerk geräumt hätten. Mit aller Vorsicht ging der k. k. Oberst von Feldegg mit dem 6. Infanterieregiment Caronini den Haddebyerdamm entlang und marschierte ungehindert in Schleswig ein. Am 6. Februar, um 7.00 Uhr früh, brachte das k. k. 6. Infanterieregiment vor Schloß Gottorf Kaiser Franz Joseph I. ein dreimaliges donnerndes Hoch. Etwa zur selben Zeit ritten FML von Gablenz mit dem Generalstabshauptmann Gründorf von Zebegény in Schleswig ein. Kurz nach 5.00 Uhr morgens war die 3. Infanteriebrigade Nostitz direkt vom Königshügel nach Schleswig aufgebrochen. Ihr folgten die Halbbrigade Tomas und die 1. Infanteriebrigade Gondrecourt. Als die Spitze der 3. Infanteriebrigade den Südeingang von Schleswig erreichte, war die Stadt beflaggt, und die einziehenden Österreicher wurden jubelnd begrüßt. FML von Gablenz bestimmte das 6. Infanterieregiment Caronini als Besatzung und dessen Obersten von Feldegg zum Stadtkommandanten von Schleswig.

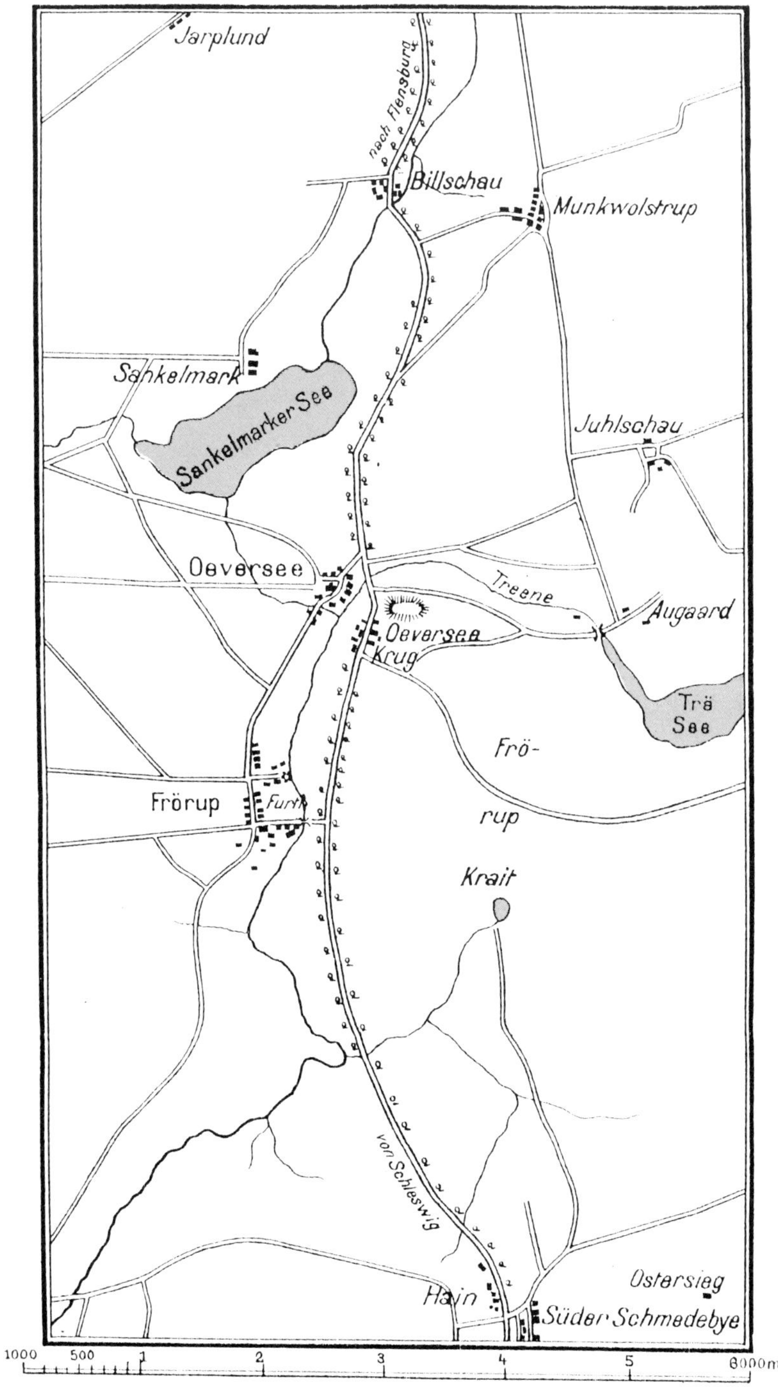

Skizze zum Gefecht bei Oeversee
am 6. Februar 1864

Zur Verfolgung des Gegners ließ FML von Gablenz die bei der Infanteriebrigade eingeteilten Abteilungen des 9. Husarenregiments Fürst Liechtenstein im Trab gegen Flensburg vorgehen. Danach wurde die 3. Infanteriebrigade Nostitz in Marsch gesetzt, voran das 9. Feldjägerbataillon, gefolgt vom 27. Infanterieregiment König der Belgier und dem 14. Infanterieregiment Großherzog von Hessen sowie der 1. Infanteriebrigade und der Halbbrigade Tomas. Die 2. Infanteriebrigade hatte nach dem erfolgreichen Schleiübergang den Weg nach Flensburg über Tolk zu nehmen.
Trotz Schneesturm und Glatteis stürmte das 9. Husarenregiment Fürst Liechtenstein auf der Landstraße nach Flensburg. Bereits auf der Höhe von Idstedt hatten die k. k. Husaren eine gegnerische Geschütz- und Trainkolonne eingeholt. Nach kurzem Gefecht konnten drei Geschütze und mehrere Proviantwagen erbeutet und 50 Gefangene gemacht werden. Ohne sich lange aufzuhalten, stürmten die k. k. Husaren weiter und stießen bei Helligbek auf das Gros der dänischen Verbände. Da die Ortschaft nicht zu umgehen war, griffen die k. k. Husaren direkt an, eroberten die wenigen Gehöfte und erreichten Stenderup. Hier wurden sie durch feindliches Feuer zur Umkehr gezwungen. Die Dänen nutzten den Zeitgewinn, um ihren Rückzug fortzusetzen. Die Husaren jagten hinterher und attakkierten die Dänen bis nördlich von Oeversee, wo die Österreicher mit Geschützfeuer empfangen wurden. Erneut griffen die k. k. Husaren die gegnerischen Stellungen an, doch behielten die Dänen die Oberhand.
Nachmittags trafen das 9. Feldjägerbataillon, das 27. Infanterieregiment König der Belgier und das 14. Infanterieregiment Großherzog von Hessen vor Oeversee ein. Diese 3. Infanteriebrigade stand seit fünf Tagen in vorderster Linie, hatte drei empfindlich kalte Nächte im Schnee zugebracht und trotz aller Anstrengungen und Entbehrungen den Weg von Schleswig nach Oeversee auf eisglatter Landstraße in weniger als sechs Stunden zurückgelegt.
Oeversee bestand im Jahre 1864 aus zwei Häusergruppen zu beiden Seiten der Straße. Der Oeverseekrug (Krug = Gasthaus) bildete mit einigen Häusern die kleinere Gruppe. Der Fluß Treene durchfließt den Ort. Im Norden von Oeversee, westlich der Landstraße, liegt in einem Kessel der Sankelmarker See, dessen nördliches Ufer mit Laubwald bewachsen war. Östlich der Landstraße zeigte das leicht ansteigende Gelände kleine Waldparzellen und einzelne von Erdwällen durchzogene Baumgruppen. Hinter dem Sankelmarker Wald liegen die Orte Bilschau und etwas östlich Munkwolstrup und Juhlschau. Südlich dieser Dörfer hatte sich zu

beiden Seiten der Landstraße die dänische 7. Brigade unter Oberst Müller mit zwei Geschützen aufgestellt, um den Rückzug der hart bedrängten dänischen 8. Brigade zu decken. Hinter der 7. Brigade stand die 3. Brigade der dänischen I. Division in Reserve. Ursprünglich war es keinesfalls Absicht der Dänen gewesen, mit ihrer 7. Brigade bei Oeversee in Stellung zu gehen. Nur durch die rasche Verfolgung durch die österreichischen Truppen waren sie zu Kampfhandlungen gezwungen worden, wobei das für sie strategisch vorteilhafte Gelände die Entscheidung sicher mit beeinflußt hat.

Nachdem die k. k. Liechtenstein-Husaren den Gegner auf den Höhen nördlich von Oeversee erkannt hatten, wurde zur Attacke geblasen. Sie scheiterte jedoch an dem ungünstigen Gelände und an dem heftigen Feuer der Dänen, die sich hinter den Erdwällen verschanzt hatten. FML von Gablenz, der die Husarenattacke durch seine in Oeversee postierten sechs Geschütze unterstützt hatte, stellte nun seine Geschütze nordwestlich von Oeversee auf, so daß sich ein Artillerieduell zwischen je sechs österreichischen und dänischen Geschützen entwickelte und die Dänen, obwohl taktisch überlegen, keinen Angriff wagen konnten. So hatte die verlustreiche Attacke wenigstens den Erfolg, daß der Feind in seiner Stellung verharren mußte, während sich die nachrückenden österreichischen Infanterietruppen zum Angriff sammeln konnten.

Als die auf der Flucht befindlichen dänischen Truppen durch Oeversee marschierten, wurden sie von den Bewohnern mit Essen und warmen Getränken versorgt. Die Einwohner von Oeversee wußten natürlich, daß viele Landeskinder, manchmal unfreiwillig, die dänische Uniform trugen. Nachdem die letzten dänischen Soldaten Oeversee in Richtung Flensburg verlassen hatten, stellte man sich die bange Frage, was für Menschen die hier völlig unbekannten Österreicher wohl sein könnten und wie sie sich verhalten würden. Einige besorgte Einwohner flüchteten in die Nachbardörfer, um dort Schutz zu suchen. Es zeigte sich aber schon in den ersten Stunden, daß sich die Österreicher absolut korrekt verhielten und Angst vor ihnen völlig unbegründet war.

Allerdings wird folgende Geschichte überliefert: Einer der ersten in Oeversee eingetroffenen österreichischen Soldaten betritt einen Kaufmannsladen und verlangt »Zigar!«. Der Kaufmann stellt ihm ein fast volles Kistchen auf den Ladentisch, damit er sich – wie hier üblich – die gewünschte Anzahl herausnimmt. Der Soldat versteht die Geste aber falsch, klemmt sich das volle Zigarrenkistchen unter den Arm und verschwindet. Der verdutzte Kaufmann kann nur noch hinterherschimpfen: »De verdammte Kirl!« Mehr Freude hatten die Schulkinder in Oeversee:

Der Oeverseekrug (Hansens Gasthaus) war nach dem Gefecht bei Oeversee österreichisches Feldlazarett. Später wurde das Gasthaus Stabsquartier

Der Unterricht mußte ausfallen, da die Schule als Wachlokal diente; außerdem hatten die Soldaten angesichts der grimmigen Kälte sämtliche Tische und Bänke verheizt.
Das in Oeversee eingetroffene 9. Feldjägerbataillon legte die Tornister ab und formierte sich beiderseits der Landstraße zum Angriff auf die mit Schnee bedeckten Höhen nördlich von Oeversee. Oben stand eine feindliche Batterie, die pausenlos schoß. Als die Hornisten das Sturmsignal bliesen, ging das Bataillon, die Offiziere mit gezogenem Säbel voran, zum Angriff vor. Ein vernichtendes Feuer prasselte ihnen entgegen, Tote und Verwundete bedeckten den Boden. Die Verluste waren so groß, daß der Ansturm ins Stocken geriet, doch mit unvergleichlicher Selbstaufopferung stellten sich die Offiziere an die Spitze ihrer Abteilungen und rissen diese immer wieder vorwärts. Sie kämpften sich näher an den Gegner heran und drängten ihn allmählich in den Wald, wo sich ein erbittertes Handgemenge mit dem dänischen 1. und 11. Regiment entwickelte. In diesem Augenblick erschien westlich der Landstraße das 27. Infanterieregiment König der Belgier. Voran ritt der Kommandant des Regiments, Oberst Wilhelm Herzog von Württemberg, in Begleitung seines Adjutanten

Guggenberger. Der als Held von Solferino und Magenta gefeierte Herzog spornte seine Truppen an: »Vorwärts, Steirer! Vorwärts! Es lebe der Kaiser! Hurra!« Da die österreichischen Soldaten seit Tagen bei schneidender Kälte im Freien biwakiert hatten, versagten viele – durch Frost und Nässe beeinträchtigt – Gewehre, und so galt es mit Gewehrkolben und Bajonett weiterzukämpfen. Die Österreicher verwendeten das Infanteriegewehr Muster 1854/1862, Kaliber 13,9 mm (System Lorenz), wobei es sich um einen Vorderlader mit gezogenem Lauf und Stichbajonett handelte. Im Vergleich dazu waren die Preußen überwiegend mit Zündnadelgewehren ausgerüstet, die dreimal schneller als die österreichischen schossen, aber eine geringere Reichweite hatten.
Nach blutigem Ringen wurde die Höhe schließlich vom 27. Infanterieregiment König der Belgier erobert, wo wenig später die Regimentsfahne flatterte. Bald sah man die Vorderseite der Fahne mit dem kaiserlich-österreichischen Reichswappen, bald die Rückseite mit der Madonna Immaculata in einem ovalen Strahlenkranz. Als ein donnerndes Hurra über die Schlachtlinie brauste, zog sich der rechte feindliche Flügel aus dem Sankelmarker Wald zurück und sammelte sich vor Bilschau Krug.
Ungestüm, unter großen Verlusten, drängten das 9. Feldjägerregiment und das 27. Infanterieregiment den Gegner von der Höhe gegen Bilschau. Der dänische Brigadekommandant, Oberst Müller, sah seine Truppen in einer kritischen Lage und setzte seine Reserven zu einem Gegenangriff ein. Fast hätten die beiden dänischen Bataillone die Höhe zurückerobert, als das 2. Bataillon des 27. Infanterieregiments im Sturmschritt herankam, um der allein auf der Höhe stehenden 6. Kompanie des 27. Infanterieregiments beizustehen. Wieder entwickelte sich ein erbitterter Kampf mit Gewehrkolben und Bajonett, und es gelang den k. k. Truppen, die Dänen aus dem Wald zu treiben. Beim Rückzug stellten sich die beiden dänischen Bataillone nochmals zum Kampfe, aber ein weiteres Bajonettgefecht warf sie bis unmittelbar vor Bilschau zurück. Die Einnahme von Bilschau erwies sich als verlustreiches Unterfangen, denn die Dänen eröffneten im Schutz der Häuser ein heftiges Feuer auf die aus dem Walde stürmenden Österreicher.
Oberst Wilhelm Herzog von Württemberg, dem kurz vorher sein Pferd unter dem Leibe erschossen wurde, stürmte mit gezogenem Säbel an der Spitze der Kolonne, als er von einer feindlichen Kugel am rechten Fuß getroffen wurde. Zunächst konnte er sich noch auf seinen Säbel stützen, wurde aber bald von seinem Adjutanten, Oberleutnant Guggenberger, aus dem Bereich des verheerenden Feuers geschleppt. Auf dem Verbandsplatz gab er seinem Adjutanten folgenden Befehl: »Die Häuser da unten,

Bilschau, nehmen und sich dann wieder sammeln.« Der Befehl wurde ausgeführt und die Dänen zum Rückzug gezwungen. Ein Teil der dänischen Truppen zog sich über Bilschau und ein anderer über Munkwolstrup zurück. Beide Orte wurden von den nachdrängenden k. k. Truppen erstürmt. Zwar versuchte der Gegner noch am Spätabend Bilschau zurückzuerobern, doch nach kurzem Feuergefecht gaben die Dänen auf. Inzwischen war auch das 14. Infanterieregiment Großherzog von Hessen am Kampfplatz eingetroffen, um die ermüdeten Kampftruppen abzulösen.

Zu dieser Zeit war es bereits so dunkel geworden, daß man Freund und Feind kaum erkennen konnte. Für Deutsche wie Dänen war es höchste Zeit, das Gefecht abzubrechen. Es war ein Glück, daß sich die Dänen planmäßig nach Flensburg zurückgezogen hatten. Somit konnte ungestört die Suche nach den Verwundeten unter Fackelschein durchgeführt werden.

Als der am Oeverseekrug eingerichtete Verbandsplatz mit über 300 Verletzten überfüllt war, ließ der k. k. Stabsoffizier Gründorf von Zebegény den Oeverseekrug vollkommen räumen und den Boden mit Stroh bedekken. Das einzige Bett im Gastraum diente dem schwerverletzten Oberst Wilhelm Herzog von Württemberg als Operationstisch, wo die Resektion des Knochens – ohne Betäubungsmittel – vorgenommen werden mußte. Der Augenzeuge Gründorf beschrieb den folgenden Vorgang: »Plötzlich hörte ich große Bewegung in dem geräumigen Nebenlokale, wo die Verwundeten am Boden lagen und sehnsüchtig warteten, bis die Reihe der ärztlichen Untersuchung an sie käme. Diese Bewegung wurde durch die Einbringung des Oberleutnants Karl Baron Prokesch-Osten vom 27. Infanterieregiment hervorgerufen, der im Sankelmarker Walde aus drei Wunden blutend, aber noch lebend aufgefunden worden war. In dem Momente, als der tapfere zwanzigjährige Offizier seinen letzten Atemzug getan hatte, eilte ich zu Gablenz, um die Vorkommnisse am Verbandsplatz zu schildern, und fand ihn tief erschüttert über die großen Verluste an Offizieren und Mannschaft, die der Sieg bei Oeversee als Opfer forderte.«

Die Österreicher bezahlten den Sieg bei Oeversee mit dem Verlust von 28 Offizieren und 403 Mann. Davon wurden sieben Offiziere und 68 Mann getötet. Die Dänen verloren 14 Offiziere, und 819 Mann waren tot oder verletzt. Vier Offiziere und 125 Mann wurden unverwundet gefangengenommen.

Das 9. Feldjägerbataillon und das 27. Infanterieregiment König der Belgier bezogen Quartier in Frörup und das 14. Infanterieregiment Großherzog von Hessen in Oeversee. Die Nacht vom 6. auf 7. Februar war eine der kältesten des gesamten Feldzuges. Ununterbrochen wehte ein eisiger

Das Gefecht bei Oeversee am 6. Februar 1864. Erstürmung des

Sankelmarker Waldes durch das österreichische Regiment König der Belgier

Gruppe verwundeter k. k. Offiziere aus dem Jahre 1864
im Offiziersspital »Palais Colloredo-Mansfeld« in Teplitz

Wind mit Schneetreiben. Zwar wurde in der stockfinsteren Nacht nach Verwundeten gesucht, aber es ist sicher nicht auszuschließen, daß mancher Soldat unter einer trügerischen Schneedecke einen sanften Tod gefunden hat. Am Tag nach dem Gefecht mußte die männliche Bevölkerung das Schlachtfeld nach Gefallenen absuchen, um sie zu bestatten. Leider machte man die beschämende Feststellung, daß die Toten schon in der Nacht ausgeplündert worden waren.
Wochenlang lebten die Einwohner unter dem Eindruck des schrecklichen Krieges. Als der Schnee Mitte März auftaute, fand man immer noch tote Soldaten. Am 18. März entdeckte man in einem Straßengraben drei wie lebend aussehende dänische Soldaten. Dicht zusammengekauert lagen dort ein Hornist, das Horn an die Brust gepreßt, und zwei Infanteristen, ihre Gewehre in Händen haltend.

DAS K. (U.) K. 27. INFANTERIEREGIMENT KÖNIG DER BELGIER

Die Geschichte des bei Oeversee so tapfer kämpfenden Regiments begann im Jahre 1682. In diesem Jahr spitzte sich die Lage des Heiligen Römischen Reiches Deutscher Nation bedrohlich zu, denn westlich des Rheins drohte König Ludwig XIV., und im Südosten Europas rüstete Kara Mustafa zum Sturm gegen die habsburgischen Lande. Um die drohenden Gefahren abzuwenden, errichtete Kaiser Leopold I. (1640–1705) im Jahre 1682 mehrere Infanterieregimenter; u. a. das 47. Infanterieregiment, welches im Jahre 1769 die Nummer 27 erhalten sollte. Die Notwendigkeit der Aufstellung neuer Regimenter bestätigte sich bald, denn ein Jahr später standen die Türken vor den Toren Wiens. Im folgenden Jahrzehnt beteiligte sich das Regiment am Türkenkrieg und im Spanischen Erbfolgekrieg (1701–1714) unter dem Kommando des Prinzen Eugen von Savoyen. Während der Regentschaft Maria Theresias (1740–1780) kämpfte das Regiment im Österreichischen Erbfolgekrieg (1740–1748) und im Siebenjährigen Krieg (1756–1763).
Im Jahre 1766 wurde das österreichische Heerwesen neu geordnet. Danach durfte ein Regiment nur noch in einem festgelegten Bezirk werben. Das 47. Infanterieregiment durfte jetzt nicht mehr in ganz Deutschland werben, sondern erhielt die steirischen Werbebezirke Graz und Marburg/Drau zugewiesen. Noch im selben Jahr wurden Kompanien in Graz, Bruck/Mur, Leoben, Judenburg, Kapfenberg und in Kindberg stationiert. In Leibnitz wurde ein Exerzierlager eingerichtet.
Das 27. Infanterieregiment kämpfte im Bayerischen Erbfolgekrieg (1778 bis 1779), gegen die Türken 1788–1790 auf dem Balkan und nahm im 1. Koalitionskrieg gegen Frankreich im Jahre 1796 an den Schlachten bei Amberg, Würzburg, Neuwied und in Mantua teil. Während der Napoleonischen Kriege stand das Regiment pausenlos im Einsatz und kehrte erst 1814 in die steirische Heimat zurück. In den folgenden Jahren hatte das Regiment Einsätze in Italien und nahm, unter dem Befehl des Feldmarschalls Radetzky, an den Feldzügen in den Jahren 1848–1849 teil.
Im Jahre 1853 verlieh Kaiser Franz Joseph I. das 27. Infanterieregiment an den König der Belgier Leopold I. Seit dieser Zeit trug das Regiment die Namen der belgischen Könige: bis 1865 war König Leopold I., bis 1910 König Leopold II. und bis 1918 König Albert I. Inhaber des Regiments.
Unter Führung des Kommandanten Oberst Wilhelm Herzog von Württemberg nahm das Regiment im Krieg Sardiniens und Frankreichs gegen Österreich (1859) an den Schlachten von Magenta und Solferino teil. Nach

Flensburger Hafen. Blick vom Turm der Nikolaikirche

Beendigung dieses Feldzuges kam das Regiment nach Wien in Garnison, von wo aus es im Januar 1864 nach Schleswig-Holstein eingesetzt wurde. Aus vielen steirischen Orten gab es Teilnehmer bei dem Gefecht in Oeversee am 6. Februar 1864. Auch wenn das Gefecht verhältnismäßig kurz dauerte, so gab es doch zahlreiche Opfer – aber auch tapfere Taten der steirischen Soldaten. Berichtet wird von dem Grenadierfeldwebel Kügerl aus Wildon, der trotz schwerer Verwundung die Fahne gegen die anstürmenden Dänen verteidigte, und über den Gefreiten Hammerl aus Lebring, der einen Danebrog, d. h. eine dänische Fahne, erobern konnte. Beide Soldaten wurden mit der Tapferkeitsmedaille ausgezeichnet. Feldwebel Pilz aus St. Peter bei Graz konnte bei dem Sturm auf Bilschau in einem Haus 19 Dänen gefangennehmen. Als Major Edler von Pilz verbrachte er seinen Lebensabend in Graz. Während der Korporal Kuchbauer aus Graz sich oft in einen Kampf mit der blanken Waffe einließ, schaffte es der größte Mann des Regiments, Grenadier Kröpfl aus Fürstenfeld, allein mit seiner Körper-

kraft. Obwohl verwundet, packte er die feindlichen Infanteristen an der Brust und schleuderte sie den Kameraden zu, die sie dann gefangennahmen. Eine besondere Auszeichnung erfuhr der Kadettfeldwebel Schaffer. Aufgrund seiner Tapferkeit erhielt er als Adelsprädikat den aus Oeversee und Dänemark zusammengesetzten Namen Oevermark. Josef Schaffer von Oevermark lebte als k. u. k. Oberst in Graz.
Nachdem das 27. Infanterieregiment am 30. November 1864 wieder nach Wien zurückgekehrt war, blieb es dort bis zum Abmarsch nach dem nördlichen Kriegsschauplatz am 15. Mai 1866. Inzwischen hatte die Politik Österreich und Preußen entzweit, und so standen sich die einstigen Waffenbrüder bei Königgrätz als Feinde gegenüber. Im Jahre 1878 nahm das Regiment an der Okkupation von Bosnien und der Herzegowina teil. Das Ende der Habsburgermonarchie bedeutete auch das Ende dieses Regiments. Es hatte in seiner 236jährigen Geschichte an ungefähr zweihundert Schlachten, Gefechten und anderen militärischen Operationen teilgenommen. Es hatte gegen die Feinde Deutschlands und für die Einheit Deutschlands gekämpft. 1935 wurden das österreichische Alpenjägerregiment Nr. 10, dann das Gebirgsjägerregiment Nr. 138 und das Ausbildungsregiment Nr. 10 die Nachfolgetruppenkörper des k. u. k. Infanterieregiments König der Belgier. Heute ist das Landwehrstammregiment 54 der Traditionsnachfolger des Grazer »Hausregiments« König der Belgier.

DER MARSCH NACH JÜTLAND

Am 6. Februar, dem Gefechtstag von Oeversee, hatten drei preußische Kompanien bei Arnis in zweieinhalb Stunden eine aus 49 Pontons bestehende Brücke gebaut, so daß das k. preußische Armeekorps problemlos die Schlei überqueren konnte. Das 64. Regiment der preußischen 12. Infanteriebrigade hatte Kappeln erreicht und marschierte am Nordufer der Schlei in Richtung Faulük. Die preußische Gardedivision erreichte abends Wanderup, Tarp und Jerrishoe, östlich von Oeversee. Das Gros des k. k. VI. Armeekorps befand sich im Raum Frörup – Oeversee. Die 1. Infanteriebrigade und die Kavalleriebrigade waren bis nach Süderschmedeby und die Halbbrigade Tomas war bis Großsolt vorgestoßen. Die 2. Infanteriebrigade, welche mit einer Eskadron Windischgrätz-Dragonern die Schlei bei Missunde mit Schiffen überquert hatte, gelangte bis Scholderup nördlich Missunde.
Prinz Friedrich Karl hatte die Aufgabe, die Vorhut dem Feinde nach Flensburg folgen zu lassen. Das Gros des Korps sollte die Straße nach

Blockhaus in der geräumten Festung Fredericia

Schleswig einschlagen. Der Plan wurde aber geändert, nachdem am Vormittag vom Flügeladjutanten, Prinz Hohenlohe, die Nachricht überbracht worden war, die Dänen hätten Schleswig geräumt. Daraufhin wurde das Korps nach Flensburg in Marsch gesetzt.
Da die erschöpften k. k. Truppen am 7. Februar einen Rasttag benötigten, nahm die preußische Gardedivision die Verfolgung auf und erreichte gegen 11.00 Uhr vormittags Flensburg. Bereits um 7.30 Uhr morgens hatten die Spitzen der preußischen Husaren- und Ulanenregimenter Flensburg erreicht, ohne die dänische Nachhut noch anzutreffen. Trotzdem konnten 100 Dänen gefangengenommen werden. Außerdem fielen den Preußen zwei schwere Geschütze, 13 mit Munition und Kriegsmaterial beladene Wagen sowie das Silber- und Tafelservice des GL de Meza in die Hände. GFM von Wrangel, der am 6. Februar, nachmittags, sein Hauptquartier nach Sieverstedt verlegt hatte, traf vormittags um 11.30 Uhr in Flensburg ein.
Das Gros des preußischen I. Armeekorps erreichte am 7. Februar Glücksburg. Die 6. Infanteriedivision stand abends in und um Grundhof südöstlich von Glücksburg, die 13. Infanteriedivision in und um Großquern und die Reservekavallerie in der Gegend von Sterup. Das k. k.

Geschütze am Kleinen Belt bei Fredericia

VI. Armeekorps nahm an diesem Tag südlich von Flensburg Quartier. Die 3. Infanteriebrigade in Oeversee, Frörup und Süderschmedeby, die Halbbrigade Tomas bei Hürup, die 2. Infanteriebrigade bei Bistoft östlich von Oeversee, die Kavalleriebrigade bei Barderup und Umgebung und die 1. Infanteriebrigade bei Wanderup. FML von Gablenz, mit ihm der FML Graf Neipperg und der Generaladjutant des Kaisers GM Graf Coudenhove, verlegte das Korpsquartier nach Flensburg.
Für den 11. und 12. Februar 1864 wurden vom Armeekommando die Einschließung von Düppel (Dybbøl) durch das preußische I. Armeekorps sowie die Besetzung von Apenrade (Åbenrå) angeordnet. Das k. k. VI. Armeekorps sollte bei und in Flensburg in Reserve bleiben und strategische Punkte an der Westküste, wie Tönning und Husum, durch Truppenabteilungen sichern. Da sich die Hauptmacht der Dänen nach Düppel zurückgezogen hatte, mußte jeder Vormarsch in diese Richtung zu neuen, schwierigen Kämpfen führen, da der Gegner mit der Festung Düppel eine sehr günstige Position einnahm. Ein Vormarsch nach Norden, wohin sich ein Teil der dänischen Armee zurückgezogen hatte, machte zudem eine Einschließung der Düppeler Schanzen erforderlich.
Der Vormarsch der nach Jütland in Bewegung gesetzten alliierten Trup-

Ankunft des österreichischen

Ponton-Trains am Limfjord

pen fand wie folgt statt: Am 11. Februar konzentrierte sich die preußische Gardedivision südlich von Åbenrå und besetzte die Stadt am 12. Februar. Das k. k. VI. Armeekorps, das der preußischen Gardedivision auf der Entfernung eines Tagesmarsches folgen sollte, verblieb bis zum 11. Februar in den Quartieren. Am 12. Februar marschierte die k. k. 2. Infanteriebrigade nördlich von Flensburg bis Norderschmedeby (Smedeby) und Bau (Bov). Das k. k. 72. Infanterieregiment nahm in Flensburg Quartier. Zur Sicherung des Hafens gegen feindliche Schiffe wurde die 8pfündige Batterie Nr. 9 der k. k. Korps-Geschützreserve in Stellung gebracht. Als das 27. Infanterieregiment König der Belgier am 13. Februar auf dem Wege nach Flensburg Oeversee passierte, wurde an den frischen Grabhügeln östlich des Sankelmarker Sees eine Gedenkfeier abgehalten. Nach einer kurzen Ansprache von Major Baron Haugwitz spielte die Regimentskapelle das Lied »Vater, ich rufe dich«. Als Gruß aus der fernen Heimat erscholl die steirische Hymne »Hoch vom Dachstein an«, unter deren Klängen das Regiment vom Schlachtfeld abmarschierte.
Am 13. Februar erreichte die preußische Gardedivision Hoptrup und Over Jerstal. Vom österreichischen Korps marschierte die 3. Infanteriebrigade ebenfalls bis Hoptrup und das 9. Feldjägerbataillon bis Smedeby. Die 2. Infanteriebrigade mit der 3. Eskadron Liechtenstein-Husaren erreichte Boldersley über Bov. Das k. k. 34. Infanterieregiment König Wilhelm von Preußen und Liechtenstein-Husaren trafen am 15. Februar als Besatzung in Tønder ein. Am selben Tag verlegte FML von Gablenz sein Korpsquartier nach Åbenrå, wo GFM von Wrangel am 16. Februar ebenfalls das Armeehauptquartier aufschlug. Die österreichischen Truppen setzten ihren Marsch fort, und so konnte das Korpsquartier am 17. Februar in Haderslev errichtet werden.
Am 18. Februar 1864 besetzten die Vortruppen der preußischen Gardedivision die jütische Stadt Kolding.

DIE BESETZUNG VON JÜTLAND

Am Abend des 6. März 1864 wurde bei einer Besprechung im Armeehauptquartier der Einmarsch in Jütland für den 8. März festgelegt. Bei dieser Gelegenheit vertrat GL von Falkenstein die Ansicht, daß man der preußischen Gardedivision die Gelegenheit zum Kämpfen geben sollte. Er schlug deshalb vor, die Gardedivision Richtung Norden marschieren zu lassen und das k. k. VI. Armeekorps gegen Fredericia einzusetzen. Sicher dachte er auch daran, daß bislang nur die Österreicher die Erfolge an ihre

Düppeler Schanze Nr. IV, Nordseite

Fahnen heften konnten, während die Preußen bisher in diesem Krieg leer ausgegangen waren. GFM von Wrangel ging aber auf den Vorschlag nicht ein, da er ein Risiko in dieser Kriegsphase wohl nicht eingehen wollte. So bestimmte er, daß die preußische Gardedivision am 8. März um 4.00 Uhr morgens in Richtung Fredericia vorgehen sollte, um die dortige Garnison in Schach zu halten. Das k. k. VI. Armeekorps sollte den nördlichen Weg nach Vejle einschlagen.

Am 7. März befand sich die preußische Gardedivision in Kolding. Das österreichische VI. Armeekorps bildete zwei Gruppen, und zwar einen rechten Flügel, bestehend aus der 1. und 3. Infanteriebrigade und der Kavalleriebrigade. Diese Gruppe stand unter dem direkten Kommando des FML von Gablenz. Der linke Flügel setzte sich zusammen aus der 2. und 4. Infanteriebrigade und der 6. preußischen Kavalleriebrigade und stand unter dem Kommando des FML Neipperg.

Am 8. März wurde um 3.00 Uhr in der Nacht südlich von Kolding aufgebrochen, wobei Führer mit Laternen den Weg wiesen. Als um 6.00 Uhr morgens die preußische Gardedivision die Stadt verlassen hatte, ging zuerst die Kavalleriebrigade, gefolgt vom 9. Feldjägerbataillon, dem 14. und 27. Infanterieregiment und die 1. Infanteriebrigade über den Fluß. Nördlich von Kolding, bei Bamdrup, erwartete FML von Gablenz die Gruppe des linken Flügels. Die Gruppe des FML Neipperg ließ aber auf sich warten. Sie hatte durch die Hochwasser führende Koldinger-Å Schwierigkeiten mit dem Flußübergang bei Eistrup. FML von Gablenz ließ sich aber dadurch nicht aufhalten und marschierte los. Noch im Laufe des Vormittags kam es bei der Ortschaft Viuf zum Kampf zwischen 15 vorausgeeilten Windischgrätz-Dragonern und 30 dänischen Dragonern. Als eine weitere dänische Dragonerabteilung von beiden Flanken angriff, war an ein Entkommen der österreichischen Reiter nicht mehr zu denken. Der an der Spitze kämpfende Oberleutnant Graf Czernin sank, von neun Hieben getroffen, vom Pferd, und der Generalstabshauptmann Graf Uexküll erhielt mehrere Hiebe über den Kopf. Die k. k. Dragoner hatten einen Verlust von neun Verwundeten zu beklagen. Dem Zugsführer Jakuba wurde beim Kampf eine Hand abgehauen. Erst unmittelbar vor Vejle, um 3.00 Uhr nachmittags, stieß die Kavalleriebrigade Dobrzensky auf eine starke dänische Infanterieabteilung des 11. Infanterieregiments, die den bewaldeten Höhenrücken im Süden von Vejle und eine Windmühle besetzt hielten. Für den Angriff vorgesehen wurden die 3. Infanteriebrigade und das Dragonerregiment Fürst Windischgrätz. Die dem Dragonerregiment zugeteilten zwei Geschütze leiteten den Angriff ein und beschossen die am weitesten vorgeschobenen gegnerischen Stellungen. Allmählich begannen die Dänen zu weichen, und drei Divisionen des 1. Bataillons Großherzog von Hessen drangen in den Wald ein und besetzten die Windmühle. Als mehr und mehr österreichische Abteilungen auf dem Plateau erschienen, eröffneten die Dänen aus der Hauptstellung nördlich der Stadt ein lebhaftes Feuer. Die Österreicher fuhren bei der Windmühle zwei Geschütze auf und beschossen von oben die Barrikaden an der steinernen Brücke, dem südlichen Haupteingang von Vejle. Bald wurde der Haupteingang mit den umliegenden Häusern erstürmt, worauf sich der Gegner auf die nördlichen Höhen zurückzog. Das 1. Bataillon Großherzog von Hessen, dem sich der Prinz von Altenburg angeschlossen hatte, erreichte Vejle und drang bis an den nördlichen Stadtausgang vor. Mittlerweile waren acht Geschütze bei der Windmühle eingetroffen und eröffneten das Feuer auf die gegnerische Artillerie. Nach kurzer Zeit zogen sich die Dänen zurück, und die nachfolgenden Bataillone der 3. Infan-

teriebrigade GM Nostitz konnten ohne nennenswerte Verluste den südlichen Talhang nach Vejle hinabsteigen. GM von Nostitz ließ den nördlichen Stadtausgang von Vejle durch die bis dorthin vorgerückte 1. und 2. Division des 14. Infanterieregiments und den nach Horsens führenden östlichen Stadtausgang durch die 3. Division und das 2. Bataillon des 14. Infanterieregiments besetzen, postierte das 9. Feldjägerbataillon an dem nordwestlichen Stadtausgang und hielt das 27. Infanterieregiment auf dem Marktplatz in Reserve. Im Westen von Vejle wurden zwei weitere Geschütze aufgestellt. Die Dänen feuerten vom nördlichen Plateau gegen die in Vejle befindlichen österreichischen Truppen und bestrichen besonders die nach Horsens führenden Straßen mit Geschützfeuer.
Solange die Gegner die nördlich von Vejle gelegenen Höhen im Besitz hatten, wäre ein Aufenthalt in der Stadt unmöglich gewesen. Als die 1. Infanteriebrigade GM Gondrecourt in Vejle eintraf, erhielt sie den Auftrag, daß das 18. Feldjägerbataillon dem 9. Feldjägerbataillon zu folgen habe. Am späten Nachmittag gab FML von Gablenz den Befehl zum allgemeinen Angriff. Während die beiden Feldjägerbataillone ihren Weg fortsetzten, rückten das 1. Bataillon des 14. Infanterieregiments und die 1. Division des 9. Feldjägerbataillons in Richtung Norden vor und erstürmten Klein Grundet. Das 2. Bataillon des 14. Infanterieregiments, welches zu Beginn dem 27. Infanterieregiment gefolgt war, ging auf der Straße nach Horsens vor, während das 27. Infanterieregiment die bewaldete Anhöhe an der Straße nach Horsens erstürmte. Die auf dem Rückzug befindlichen Dänen konnten den Österreichern nichts mehr entgegensetzen und zogen sich unter dem Schutz ihrer Artillerie zurück. Als vier Geschütze der 3. Infanteriebrigade bei Klein Grundet auffuhren und das Feuer eröffneten, wichen die Dänen weiter nach Norden aus. Durch kühne Attacken konnte sich der als Geschützsicherung eingesetzte Zug Liechtenstein-Husaren unter Leitung des Oberleutnants Prinz Taxis besonders auszeichnen.
Die einbrechende Dunkelheit und die ermüdeten Truppen machten eine weitere Verfolgung unmöglich. Um 6.45 Uhr abends fiel der letzte Kanonenschuß. Ein Teil der am Gefecht beteiligten Truppen und das Hauptquartier des k. k. VI. Armeekorps wurden in Vejle untergebracht. Von der Kolonne des FML Neipperg erreichte die 4. Infanteriebrigade GM Tomas abends Viuf und Almind. Die 2. Infanteriebrigade GM Dormus traf abends in Ågård ein. Das Gros der 6. preußischen Kavalleriebrigade nahm in Amnitsbøl und Ødstedt Quartier.
Am 11. März wurde die Verfolgung des Gegners wiederaufgenommen. Das Gros des k. k. VI. Armeekorps und die k. preußische Kavallerie-

brigade erreichten noch am selben Tag Horsens, am folgenden Tag Skanderborg und zogen am 13. März mit den Vortruppen in Århus und Silkeborg ein. Da man keinen Gegner antraf und der weitere Vormarsch nach Norden im Augenblick nicht ratsam erschien, erfolgte der Rückmarsch nach Horsens und Vejle. Am 19. März marschierten die alliierten Truppen gegen die Festung Fredericia und begannen am 20. März mit der Beschießung der Stadt. Da der Festungskommandant die Aufforderung zur Übergabe der Stadt ablehnte, wurde Fredericia vom k. k. VI. Armeekorps eingeschlossen.
Am 29. April fiel den Vorposten eine ungewohnte Ruhe in der Stadt auf. Der Grund wurde bald festgestellt: Die dänischen Truppen hatten am Tag zuvor die Stadt verlassen und sich auf die Insel Fünen (Fyn) zurückgezogen. Noch am selben Tag zog die 3. Infanteriebrigade GM Nostitz in Fredericia ein.
Auf Anordnung des Armeekommandos wurden die Festungsanlagen bis zum 9. Mai geschleift. Durch die persönliche Initiative von FML von Gablenz wurde verhindert, daß das Monument des »tapferen Landsoldaten«, die Verkörperung einer glorreichen Erinnerung an das Jahr 1849, zerstört wurde. Hier konnte sich FML von Gablenz gegen GFM von Wrangel durchsetzen, der auch den Flensburger Löwen demolieren lassen wollte.
Nach dem Waffenstillstand vom 12. Mai bis 26. Juni wurden die Feindseligkeiten wiederaufgenommen. Die vollkommene Besetzung Jütlands ging zügig voran, denn die alliierten Truppen drangen rasch nach Norden vor. Bereits am 14. Juli 1864 flatterten die österreichische und preußische Fahne in Skagen am Kattegat, im äußersten Norden Jütlands.

DAS GEFECHT BEI DÜPPEL AM 18. APRIL 1864

Nach dem verlustreichen Gefecht bei Oeversee zogen sich die Dänen teils in die Düppeler Schanzen, teils nach Jütland zurück. Da das alliierte Armeekommando die Düppeler Schanzen nicht sofort stürmen wollte, sondern sich für eine Belagerung entschied, für die das Material erst herangeschafft werden mußte, gerieten die Kriegsunternehmungen ins Stocken.
Am 29. Februar 1864 unterrichtete GFM von Wrangel Prinz Friedrich Karl davon, daß die zur Belagerung der Düppeler Schanzen notwendigen Geschütze in Kürze auf dem Kriegsschauplatz eintreffen werden. Im einzelnen handelte es sich um vier gezogene 24-Pfünder, acht 12-Pfünder und zwölf 24pfündige Mörser der brandenburgischen und westfälischen

Preußische Soldaten
vor dem zerschossenen Blockhaus der Schanze Nr. IV

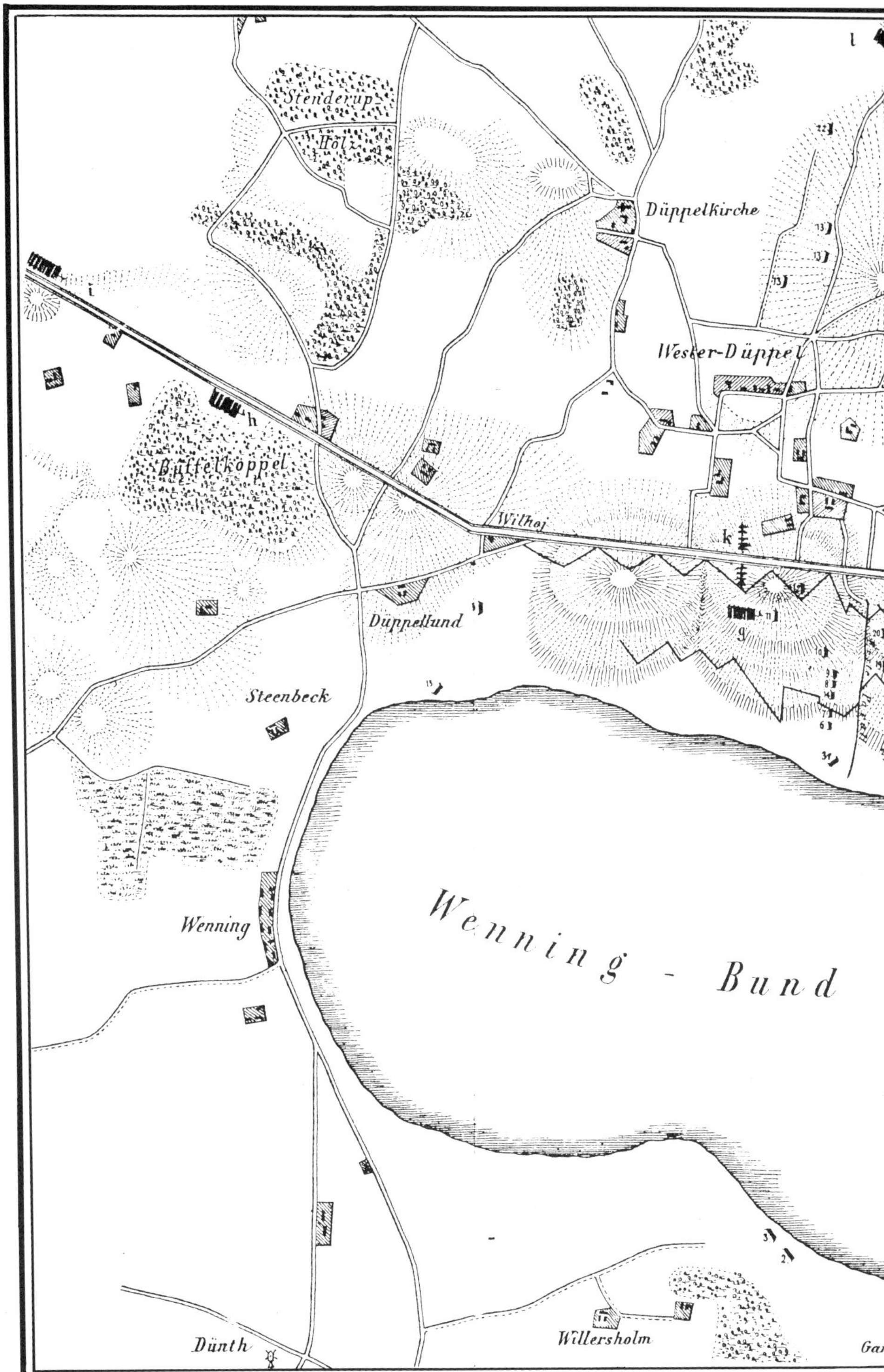

Stellungen der Parteien am 18. April um 1(

Preussen a. 1. b. 2. c. 3. d. 4. e. 5. f. 6. Sturmcolonne mit den Anmarschlinien zum Sturm.

g. Brigade Canstein
h. " Raven
i. " Röder
l. " Schmidt
k. Batterien des O.L. Bergmann

Dänen

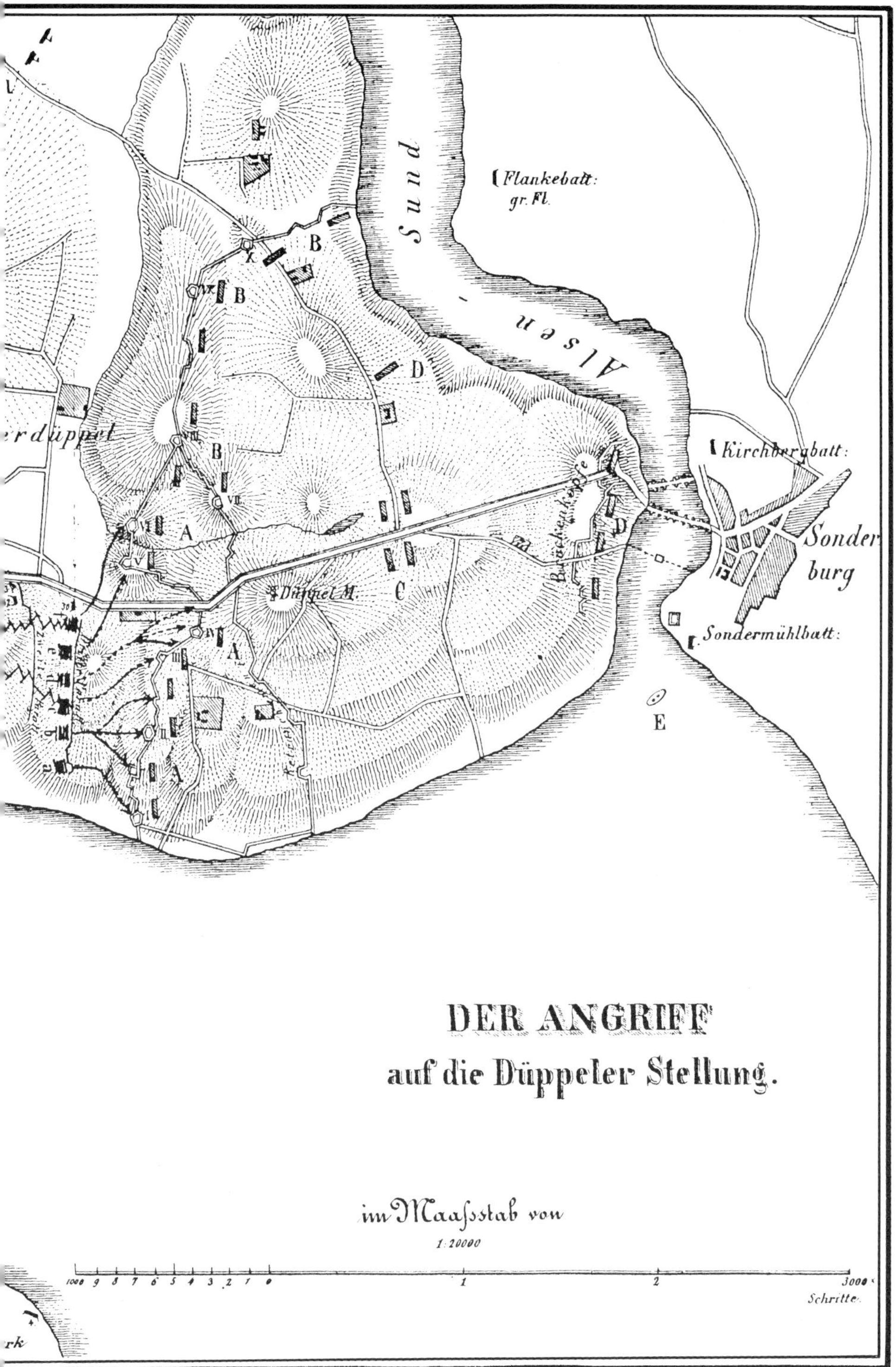

DER ANGRIFF
auf die Düppeler Stellung.

Vormittags.

Erste Brigade
Dritte „
Achte „ bei den Baracken
Zweite Brigade
Rolf Krake.

Artilleriebrigade sowie vier 24-Pfünder, die ursprünglich für Kiel vorgesehen waren. Als Standort wurde Gammelmark, östlich des Dorfes Dynt auf der Halbinsel Broager Land, gewählt, um von hier aus die Schanzen unter Beschuß zu nehmen. Nach Abschluß dieser Vorarbeiten gab Österreich seine Zustimmung zur Fortsetzung des Krieges, und die alliierten Truppen überschritten am 8. März die Grenze Jütlands. Als am Vormittag des 14. März 1864 die Nebel über dem Wenning-Bund schwanden und die Düppeler Schanzen deutlich erkennbar wurden, eröffneten die Preußen das Feuer und erzielten Treffer in den Schanzen I und II und im Schloß Sønderborg.

Nach einiger Zeit erwiderten die Dänen das Feuer aus der Schanze II und erzielten ihrerseits Treffer in den Gammelmarker Batterien. Obwohl die Preußen das Feuer in den nächsten Tagen fortsetzten, schien diese Aktion keinen großen Eindruck bei den Dänen zu hinterlassen, wie man durch Fernrohre feststellen konnte. Trotz der Wirkungen der Gammelmarker Batterien stellte man bei den dänischen Truppenbewegungen zwischen den Schanzen und der Insel Alsen (Als) keine Hektik fest, und die entstandenen Schäden an den Schanzen wurden rasch behoben.

Am 13. März griffen Truppen der preußischen 26. Infanteriebrigade unter Führung von GM von Goeben dänische Vorposten im Norden der Düppeler Schanzen bei Lillemølle an. Gleichzeitig rückte die preußische 12. Infanteriebrigade unter Führung von GM von Roeder von Westen gegen die Schanzen vor und erreichte Nybøl und Stenderup. Am folgenden Tag gingen die Preußen weiter westwärts und erreichten Rackebüll und Düppel Kirche. Hier entwickelte sich ein heftiges Gefecht, das beiden Seiten mehrere Tote und Verwundete kostete. Die von starken Einheiten besetzte Düppel Kirche war nicht zu bezwingen, und die Preußen zogen sich nach Stenderup zurück.

Als am 15. März an der Vorpostenlinie Ruhe herrschte und nur die Geschütze der Gammelmarker Batterien donnerten, wurde die Insel Fehmarn im Handstreich genommen. Für die Übersetzung der preußischen Truppen zur Insel wurden mehrere Boote in Heiligenhafen requiriert und in der Nacht vom 14. auf den 15. März zur Übergangsstelle gebracht. In den frühen Morgenstunden überquerten die eingeschifften Truppen den Fehmarnsund, entwaffneten die schwache feindliche Küstenwache und marschierten weiter nach Burg. Hier überrumpelten die Preußen die dänische Besatzung teilweise im Schlaf und machten 113 Gefangene. Erst als die Insel in preußischer Hand war, gaben die an der Westküste der Insel liegenden dänischen Kanonenboote noch einige Schüsse auf Lemkenhafen ab und suchten dann das Weite.

Düppeler Schanze Nr. VI mit Verbindungslaufgraben nach Schanze Nr. V

Seit dem 12. Februar stand das königlich preußische I. Armeekorps auf dem wichtigsten Kriegsschauplatz vor den Düppeler Schanzen, ohne irgend etwas Entscheidendes erreicht zu haben. Erst am 17. März kam es zu einem nennenswerten Gefecht bei Rackebüll und Düppel Kirche, als dänische Truppen ihre Vorpostenlinie überquerten. Während des ganzen Tages bekämpfte man sich mit wechselndem Glück, doch waren am Ende die Preußen erfolgreicher. Die Dänen verloren an diesem Tag 679 Mann an Toten, Verwundeten und Gefangenen, die Preußen 137 Mann an Toten und Verwundeten. Danach herrschte bis zum 27. März Ruhe an der Front.

Düppeler Schanzen Nr. VII und VIII

Nur die Gammelmarker Batterien störten die Ruhe durch gelegentliches Feuer.
Die Untätigkeit bzw. Verzögerung des k. preußischen Armeekorps bei den Belagerungsarbeiten ist auch damit zu erklären, daß Prinz Friedrich Karl ernsthaft die Möglichkeit prüfte, von Ballegård aus den Übergang zur Insel Als durchzuführen, um die Düppeler Schanzen zu umgehen. Um mit ziemlicher Sicherheit einen Erfolg zu erzielen, war aber eine größere Truppenanzahl erforderlich, egal, ob der direkte Sturm auf die Schanzen oder ob die Umgehung gewählt würde. Angesichts des Erfolgs-

Preußische und österreichische Soldaten vor den eroberten dänischen Geschützen

drucks wurde sogar dem auf dem Vormarsch in Jütland befindlichen GL von der Mülbe befohlen, sich mit seiner Gardedivision zurück nach Düppel in Marsch zu setzen.
Mit den Düppeler Schanzen hatten sich die Dänen ab 1849, mit allen Mitteln des modernen Festungsbaus, eine nahezu uneinnehmbare Stellung mit ca. 3000 Meter Frontlänge geschaffen. Die auf Hügeln angelegten zehn Schanzen beherrschten den Bereich vor dem Alssund (Alsensund) und bildeten die Schlüsselposition zur Insel Als.
Am Abend des 29. März rückten 2500 Mann der 11. Infanteriebrigade

GM von Canstein aus, um in der Nacht mit dem Bau der ersten Parallele* zu beginnen. Bis zum Morgengrauen war die Parallele von ca. 70 Metern Länge und ca. 0,9 Meter Tiefe ausgehoben. In der nächsten Nacht wurde die Grabensohle von 1,2 Meter auf 2,4 Meter verbreitert. Obwohl die Dänen die Arbeiten durch nichts störten, waren diese aufgrund des aufgeweichten Bodens sehr beschwerlich. In der Nacht zum 1. April wurde westlich der Parallele mit dem Bau von Batterien begonnen, die bereits einen Tag später armiert waren. Noch am selben Tag begannen die Preußen aus 44 Geschützen der neu errichteten Batterien und mit acht Geschützen der Gammelmarker Batterien die Schanzen I bis VI zu beschießen. Da die Dänen aus allen Schanzen das Feuer erwiderten, donnerten nahezu 150 Geschütze über den Sundeved (Sundewitt) und ließen den Erdboden erzittern. Bis zum 6. April feuerten die Preußen 12.245 Schüsse auf die Düppeler Schanzen und auf die Stadt Sønderborg (Sonderburg) ab. Hier wurden zahlreiche Gebäude zerstört, das Rathaus ging in Flammen auf. Für die Belagerung konnten ab dem 10. April folgende 188 Geschütze eingesetzt werden: 20 gezogene 24-Pfünder, 40 gezogene 12-Pfünder, 44 glatte 12-Pfünder, 36 gezogene 6-Pfünder, acht gezogene 4-Pfünder, 24 7pfündige Haubitzen und 16 24pfündige Mörser.
In der Belagerung machten die Preußen gute Fortschritte, denn schon in der Nacht zum 8. April wurden die Halbparallelen ausgehoben und weitere Batterien errichtet. Da die Dänen mit Reparaturen an den Schanzen voll in Anspruch genommen waren, störten sie auch diesmal die nächtlichen Arbeiten nicht, so daß man mit dem Ausheben der Gräben gut vorankam. Erst am Morgen feuerten die Dänen aus den Schanzen und auch aus den Batterien auf Als gegen die preußischen Batterien. Gegen Mittag stellten sie das Feuer ein.
Der Angriff auf die Düppeler Schanzen am 18. April 1864 war wie folgt geplant: Um 4.00 Uhr morgens sollten alle Geschütze das Feuer eröffnen und es bis 10.00 Uhr mit größter Intensität fortsetzen. Dann sollten sechs Sturmkolonnen aus der dritten Parallele die Schanzen I bis VI besetzen. Die 25. Infanteriebrigade GM von Schmidt sollte zum Schein gegen die Schanzen VII bis X zum Angriff vorgehen. Zwei weitere Infanteriebrigaden hatten den Sturmkolonnen als Reserve zu folgen.
Als am 18. April zwischen 1.00 und 2.00 Uhr nachts die sechs Sturmkolonnen in die dritte Parallele einrückten, war das Artilleriefeuer auf beiden Seiten nahezu verstummt. Die sich lautlos bewegenden Männer trugen

* Parallelen sind im Belagerungskrieg ausgehobene Gräben, die parallel zu den gegnerischen Stellungen laufen und durch im Zickzack geführte kleinere Quergräben miteinander verbunden sind.

Das zerstörte Sønderborg. Links die Apotheke, rechts die Ruine des Rathauses

nur Gewehr mit Bajonett, Mütze und den gerollten Mantel, der an beiden Enden zusammengebunden war und über die Schulter getragen wurde. Um Punkt 10.00 Uhr stellten die Preußen das Feuer ein. Mit weithin schallendem Hurra stiegen die Sturmkolonnen aus der dritten Parallele und stürmten gegen die Schanzen. Nur wenige Minuten später flatterte die schwarz-weiße Fahne auf der Schanze I. Da die Preußen keinen nennenswerten Widerstand vorfanden, wurden innerhalb von fünfzehn Minuten die Schanzen I bis VI in Besitz genommen. Obwohl der Kampf um die erste Schanzenreihe noch nicht beendet war, gingen Teile der Sturmkolonnen gegen die noch nicht fertiggestellte zweite Schanzenreihe und weiter gegen den Sønderborger Brückenkopf vor. Bereits um 10.30 Uhr befand sich auch die zweite dänische Verteidigungslinie in den Händen der Angreifer. Bei den Rückzugsgefechten zum Brückenkopf erlitten die Dänen schwere Verluste und mußten zahlreiche Gefangene und Verwundete den nachdrängenden Preußen überlassen. Auch das kürzlich in Dienst gestellte Turmschiff »Rolf Krake« (vier Kanonen) schaltete sich in die

Diese Postkarte
wurde am 1. Dezember 1898 in Sønderborg aufgegeben und traf bereits
einen Tag später am Zielort Spremberg, N. Lausitz, ein

Abwehrkämpfe ein, wurde aber von der preußischen Artillerie vertrieben. Ab der Mittagszeit entwickelte sich ein heftiger Artilleriekampf, wobei nicht nur der Brückenkopf, sondern auch Stadt und Hafen von Sønderborg mit einem vernichtenden Granatfeuer überschüttet wurden. Eine preußische Abteilung versuchte zwar den Brückenkopf zu erstürmen, um womöglich mit dem fliehenden Gegner die Insel Als zu erreichen, doch wurde dieser Angriff zurückgeschlagen.

Am frühen Nachmittag verließ die Besatzung des Brückenkopfes als letzte dänische Abteilung das Festland, um über die Brücken Als zu erreichen. Bald danach wurden die Brücken über den Alssund abgebrochen und durch dänische Artillerie von Als aus vollends zerstört. Jetzt war ein Übergang nach Als für die preußischen Truppen nicht mehr möglich.

Die eigentliche Aufgabe der preußischen Truppen am 18. April bestand in der Einnahme der Schanzen I bis VI. Daß die Preußen wesentlich erfolgreicher waren, lag an der falschen dänischen Gefechtsdisposition, da die Schanzen zur Zeit des Sturmangriffs unzureichend besetzt waren.

Diese Postkarte
wurde am 5. Dezember 1898 in Flensburg gestempelt und traf am selben Tag in Spremberg ein.
Mit der Jahreszahl hat sich der poetische Schreiber allerdings vertan

Die Dänen verloren im Gefecht bei den Düppeler Schanzen 4846 Mann an Toten, Verwundeten und Gefangenen, die Preußen 1189 Mann an Toten und Verwundeten.

Bereits am 21. April befand sich König Wilhelm I. von Preußen auf dem Wege nach Flensburg und Düppel, um seiner Armee Anerkennung auszusprechen. Kaiser Franz Joseph I. von Österreich ernannte Prinz Friedrich Karl von Preußen zum Kommandeur des Mariatheresienordens und zum Inhaber des österreichischen Husarenregiments Nr. 7.

Auf Betreiben Englands fand ab 25. April die Londoner Konferenz statt. Unter dem Vorsitz von Earl John Russell versuchten die Bevollmächtigten Dänemarks, Österreichs, Preußens, Frankreichs, Rußlands und Schwedens noch eine friedliche Lösung der schleswig-holsteinischen Frage zu erreichen. Der von Russell gestellte Antrag auf vorläufige Einstellung der Feindseligkeiten zu Lande und zur See, bis zum Abschluß eines Waffenstillstandes, wurde am 9. Mai gebilligt. Demzufolge waren die Feindseligkeiten ab dem 12. Mai für die Dauer eines Monats einzustellen. Obwohl

Düppel, 18. April 1864.
Sturm auf den Sønderborger Brückenkopf

die Waffenruhe um vierzehn Tage bis zum 25. Juni verlängert wurde, konnte auch in mehreren Sitzungen keine Vereinbarung über das Schicksal Schleswig-Holsteins erreicht werden.
Nach Ablauf des Waffenstillstandes bereiteten sich die Preußen zur Landung auf die Inseln Als und Fyn (Fünen) vor. Dieses Unternehmen stand unter der Führung von Prinz Friedrich Karl, der nach dem Ausscheiden des 80jährigen FML von Wrangel das Oberkommando der alliierten Truppen übernommen hatte. Bereits in der Nacht zum 29. Juni überquerten preußische Truppen den Alssund und besetzten Als.

Der Krieg in der Nordsee

ENTWICKLUNG DER ÖSTERREICHISCHEN KRIEGSMARINE BIS 1864

Obwohl Österreich – mit dem Erwerb der Hafenstadt Triest im Jahre 1382 – Anteil an der adriatischen Küste hatte, war es nie zur Bildung einer Seemacht von dauerhaftem Bestand gekommen. Bis zu Beginn der Napoleonischen Kriege verfügte Österreich nur über kleinere Küstenfahrzeuge. Mit dem Frieden von Campo Formido 1797, der den 1. Koalitionskrieg mit Frankreich beendete, sollte sich dieser Zustand schlagartig ändern, denn Österreich erwarb Venetien, Istrien und Dalmatien. Damit wurde Österreich die erste Seemacht an der Adria mit Venedig als Hauptkriegshafen. Die bisherige »Österreichische-Triester-Marine« erhielt bis 1848 die Bezeichnung »Österreichische-Venezianische-Marine«, da Schiffe und Mannschaften überwiegend aus Venedig stammten. Bei verschiedenen Interventionen in Italien, im Kampf gegen das Piratentum während des griechischen Freiheitskampfes und bei Unternehmungen an syrischen und marokkanischen Küsten konnte sich die zahlenmäßig kleine österreichische Flotte bewähren.
Im Revolutionsjahr 1848 bestand sie aus drei Fregatten, sechs Korvetten, zehn Briggs, zwei Raddampfern und über hundert kleineren Kriegsfahrzeugen. Insgesamt verfügte die österreichische Kriegsmarine über 157 Fahrzeuge und ca. 5000 Mann. Während der revolutionären Wirren in Deutschland brach auch im österreichischen Teil Oberitaliens ein Aufstand aus. Die überwiegend italienischen Besatzungen der österreichischen Kriegsschiffe verbanden sich mit den Aufständischen und besetzten Venedig. Als Folge dieser Ereignisse wurde 1849 Pula (Istrien), an Stelle von Venedig, österreichischer Hauptkriegshafen. Die von Kaiser Franz Joseph I. angeordnete Reorganisation der Marine übernahm der aus Dänemark stammende Vizeadmiral Freiherr Birch von Dahlerup. Mit seiner Hilfe gelang es, eine Blockade Venedigs einzurichten und die Stadt im August 1849 zur Kapitulation zu zwingen.

Cuxhaven: »Alte Liebe« und

Semaphor (Wettersignalmast)

Durch die revolutionären Ereignisse verlor Österreich eine große Anzahl venezianischer Offiziere. Dem Mangel wurde dadurch abgeholfen, daß Marineoffiziere aus Norddeutschland, Schweden, Dänemark und aus den Niederlanden eingestellt wurden. Ab 1852 wurden auch Offiziere aus der aufgelösten deutschen Flotte angeworben. Der Oberbefehlshaber der deutschen Flotte, Kapitän Brommy, wurde 1857 von der k. k. Marine übernommen. Da sich der italienische Anteil der Schiffsbesatzungen weiter verringerte, erging 1852 die Anordnung über die Verwendung der deutschen Dienstsprache auf österreichischen Kriegsschiffen.
Mit der Herstellung der staatlichen Ordnung in der Habsburgermonarchie wurde ab 1850 der Bau von Kriegsschiffen verstärkt vorangetrieben. Der Flottenplan sah an größeren Segelschiffen sechs Linienschiffe, zehn Fregatten und sechs Korvetten vor.
Da das erforderliche Geld für dieses Bauprogramm nicht bewilligt wurde, schied Dahlerup 1851 aus der k. k. Kriegsmarine aus. Sein Nachfolger wurde ein Offizier des Heeres, der FML Graf Wimpffen. Ihm folgte der Marineoffizier Erzherzog Ferdinand Max, der Bruder Kaiser Franz Josephs I. Er wurde 1854 zum Konteradmiral und Oberkommandanten der Marine ernannt und realisierte den Aufbau einer modernen Kriegsflotte.
Dem Beispiel anderer Seemächte folgend ließ Österreich auch Schraubenkriegsschiffe bauen. Das erste Kriegsschiff war die Fregatte »Radetzky«, die 1854 auf einer englischen Werft vom Stapel lief. Alle folgenden Schraubenkriegsschiffe wurden auf inländischen Werften in Pula, Triest oder Venedig gebaut. Als Frankreich 1858 mit dem Bau von Panzerschiffen begann, folgte Österreich, ungefähr gleichzeitig mit England, diesem Beispiel. Damit war Österreich schiffbautechnisch in die erste Gruppe der Seemächte aufgerückt.

VERGLEICH DER DREI AM KRIEG BETEILIGTEN FLOTTEN

Als 1864 die Feindseligkeiten mit Dänemark begannen, verfügte die österreichische Kriegsmarine über 1 Linienschiff, 5 Panzerfregatten, 5 Fregatten, 2 Korvetten, 12 Kanonenboote, 20 kleinere Kriegsfahrzeuge und etliche Segelschiffe. Im Deutschen Bund besaß sie die mit Abstand größte Kriegsflotte.
Preußens Kriegsflotte befand sich noch in den ersten Anfängen ihrer Entwicklung. Anfang 1864 bestand sie aus 3 Fregatten, 1 Korvette, 22 Kanonenbooten und kleineren Kriegsfahrzeugen.

Dänemark hatte in der ersten Hälfte des 19. Jahrhunderts als Seemacht an Bedeutung verloren und erst in den letzten Jahren seine maritimen Anstrengungen verstärkt. Anfang 1864 zählte die dänische Flotte 1 Linienschiff, 4 Fregatten, 3 Korvetten, 7 Kanonenboote, ca. 20 kleinere Kriegsfahrzeuge und zahlreiche Segel- und Ruderkriegsschiffe.
Von den größeren dänischen Schiffen konnte man sicher gute See-Eigenschaften erwarten, zumal die Dänen über größere Erfahrung im Schiffbau verfügten; nicht zuletzt weil ihre Schiffe für gröberes Wetter geeignet sein mußten. Allerdings waren die dänischen Hochseeschiffe schon ziemlich alt im Vergleich zu den modernen österreichischen Panzerfregatten. Auch die dänische Schiffsartillerie war nicht mehr die modernste, da es sich überwiegend um Vorderlader handelte. Die Österreicher und Preußen hatten die kleinen Einheiten fast durchwegs mit gezogenen Hinterladern ausgerüstet und die größeren teilweise mit Hinterladern bewaffnet. In der Auswahl der Geschützkaliber bestanden keine wesentlichen Unterschiede zwischen den drei Flotten. Auch die Besatzungen waren ziemlich gleichwertig. Die Österreicher waren trotz ihrer national uneinheitlichen Zusammensetzung keine schlechteren Seeleute als diejenigen, die an den Küsten der Nord- und Ostsee zu Hause waren. Für die Dänen war die Kriegführung in heimischen Gewässern allerdings ein Vorteil – vor allem gegenüber den an Adria und Mittelmeer gewöhnten Österreichern. Diese Unterschiede waren aber von untergeordneter Bedeutung, da sie das durch die Anzahl der Schiffe ausgedrückte Kräfteverhältnis kaum beeinflussen konnten. Wenn die gesamte österreichische Flotte gegen Dänemark hätte eingesetzt werden können, dann wäre der völlige Zusammenbruch Dänemarks nur eine Frage der Zeit gewesen.
Die Seeherrschaft hätte damit Österreich und Preußen die Möglichkeit gegeben, ihre überlegenen Landtruppen auf die Inseln – den Kern Dänemarks – hinüberzusetzen. Zahlenmäßig waren die österreichische und die preußische Flotte zusammen weit überlegen. Bei Kriegsausbruch ergab sich für die einzelnen Schiffstypen, die für ein offenes Seegefecht in Frage kamen, folgendes Bild:

	Österreich	Preußen	Alliierte	Dänemark
Linienschiffe	1	0	1	1
Fregatten	5	3	8	4
Panzerfregatten	5	0	5	0
Korvetten	2	1	3	3

TABELLE 1:
ÖSTERREICHISCHE KRIEGSSCHIFFE MIT SCHRAUBENANTRIEB
ZU BEGINN DES KRIEGES 1864

Typ	Name	Stapellauf Bauort	Verdrängung (t)	Leistung (PSno)	Geschwindigkeit (kn)	Anzahl der Kanonen	Bewaffnung	Besatzung
Linienschiff	Kaiser	1858 Pula	5191	800	11,5	92	16 glatte 60-Pfünder 74 glatte 30-Pfünder 2 glatte 24-Pfünder	904
Fregatten	Novara	1850 als Segelschiff Venedig Umbau 1862 Triest	2865	500	12	35	4 60-Pfünder Granatkanonen 28 glatte 30-Pfünder 3 glatte 24-Pfünder	550
	Schwarzenberg	1853 als Segelschiff Venedig Umbau 1862 Triest	2614	400	11	50	6 50-Pfünder Granatkanonen 40 glatte 30-Pfünder 4 gezogene 24-Pfünder	498
	Radetzky	1854 London	2334	300	9	31	4 60-Pfünder Granatkanonen 24 glatte 30-Pfünder 3 gezogene 24-Pfünder	372
	Adria	1856 Triest	2165	300	9	31	4 60-Pfünder Granatkanonen 24 glatte 30-Pfünder 3 gezogene 24-Pfünder	372
	Donau	1856 Triest	2165	300	9	31	4 60-Pfünder Granatkanonen 24 glatte 30-Pfünder 3 gezogene 24-Pfünder	372

Panzer- fregatte II. Klasse	Kaiser Max	1862 Triest	3588	650	11,4	31	16 glatte 48-Pfünder 15 gezogene 24-Pfünder	386
	Prinz Eugen	1862 Triest	3588	650	11,0	31	16 glatte 48-Pfünder 15 gezogene 24-Pfünder	386
	Juan de Austria	1862 Triest	3588	650	11,0	31	16 glatte 48-Pfünder 15 gezogene 24-Pfünder	386
Panzer- fregatte III. Klasse	Drache	1861 Triest	2750	500	9	28	10 glatte 48-Pfünder 18 gezogene 24-Pfünder	351
	Salamander	1861 Triest	2750	500	9	28	10 glatte 48-Pfünder 18 gezogene 24-Pfünder	351
Korvetten	Erzherzog Friedrich	1857 Venedig	1474	230	9	22	4 60-Pfünder Granatkanonen 16 glatte 30-Pfünder 2 glatte 24-Pfünder	294
	Dandolo	1858 Venedig	1474	230	9	22	4 60-Pfünder Granatkanonen 16 glatte 30-Pfünder 2 glatte 24-Pfünder	294

TABELLE 2:
DÄNISCHE KRIEGSSCHIFFE MIT SCHRAUBENANTRIEB ZU BEGINN DES KRIEGES 1864

Typ	Name	Stapellauf Bauort	Verdrängung (t)	Leistung (PSno)	Geschwindigkeit (kn)	Anzahl der Kanonen	Bewaffnung	Besatzung
Linienschiff	Skjold	1833 als Segelschiff Umbau 1860	2065	300	8	64	58 glatte 30-Pfünder 6 glatte 18-Pfünder	–
Fregatten	Jylland	1860 Kopenhagen	2450	400	12	44	32 glatte 30-Pfünder 8 gezogene 18-Pfünder 4 gezogene 12-Pfünder	437
	Själland	1858	2355	300	10	42	42 glatte 30-Pfünder	423
	Niels Juel	1855	1935	300	9,3	42	30 glatte 30-Pfünder 12 gezogene 18-Pfünder	422
	Tordenskjold	1852 als Segelschiff Kopenhagen Umbau 1862	1496	200	8	34	2 glatte 60-Pfünder 20 glatte 30-Pfünder 12 gezogene 12-Pfünder	–
Korvetten	Dagmar	1861 Kopenhagen	1175	300	9	16	14 glatte 30-Pfünder 2 gezogene 18-Pfünder	–
	Heimdal	1856	1170	260	9	16	14 glatte 30-Pfünder 2 gezogene 18-Pfünder	164
	Thor	1851	1000	260	9	12	12 glatte 30-Pfünder	139

TABELLE 3:
PREUSSISCHE KRIEGSSCHIFFE MIT SCHRAUBENANTRIEB
ZU BEGINN DES KRIEGES 1864

Typ	Name	Stapellauf Bauort	Verdrängung (t)	Leistung (PSno)	Geschwindigkeit (kn)	Anzahl der Kanonen	Bewaffnung	Besatzung
Fregatte	Arcona	1859 Danzig	2391	350	12,4	26	6 glatte 68-Pfünder 20 glatte 36-Pfünder	380
	Gazelle	1861 Danzig	1928	340	12	26	6 glatte 68-Pfünder 20 glatte 36-Pfünder	380
	Vineta	1864 Danzig	2504	400	11,7	28	28 glatte 68-Pfünder	380
Korvette	Nymphe	1863 Danzig	1202	200	12	16	10 glatte 36-Pfünder 6 glatte 12-Pfünder	190

Abkürzungen:

1 t (english long ton) = 1016 kg
1 t (metrisches Gewichtsmaß) = 1000 kg
PSno = nominelle Leistung
1 PS (Pferdestärke) = 75 kpm/s = 0,736 kW
Pfund = englisches Geschützkaliber
1 Pfund ~ 0,5 kg
kn = Knoten; 1 Knoten = 1 Seemeile pro Stunde

DIE KRIEGSSCHIFFE WERDEN MOBILISIERT

Daß die gesamte österreichische Kriegsflotte nicht in die Deutsche Bucht einlaufen würde – wie es aus taktischen Gründen naheliegend gewesen wäre –, hatte seine Ursache in der politischen Lage, die hier nur kurz gestreift werden kann. Das deutsche Volk wünschte die Befreiung Schleswig-Holsteins von der dänischen Herrschaft. Österreich war es seiner Stellung als erste deutsche Macht schuldig, dabei tatkräftig mitzuwirken. In Wien war man sich darüber im klaren, daß Eroberungen im Norden nicht Österreich, sondern früher oder später ausschließlich Preußen zugute kommen würden – das ergab sich aus der geographischen Lage. Der Sieg über Dänemark würde also dem Rivalen Machtzuwachs bringen, der die Vorherrschaft in Deutschland anstrebte, die Österreich seit Jahrhunderten innehatte und erhalten wollte. Da den Engländern an der Unversehrtheit der Meerengen um Dänemark sehr gelegen war, besaß Dänemark die volle Sympathie Englands. Differenzen mit England waren deshalb für Österreich unerwünscht. Außerdem wartete das im Aufrüsten befindliche Italien nur auf eine günstige Gelegenheit, um Österreich abermals anzugreifen. Aus diesem Grund durfte die Adria nicht vollständig von den Seestreitkräften entblößt werden.

Bei Kriegsbeginn war nur ein Teil der österreichischen Kriegsflotte im Dienst. Das »Levante-Geschwader« unter dem Befehl von Linienschiffskapitän Wilhelm von Tegetthoff* bestand aus der Fregatte »Schwarzenberg«, der Korvette »Dandolo« sowie mehreren Kanonenbooten und kreuzte im östlichen Mittelmeer. Es war die einzige zum sofortigen Einsatz bereite Flottenabteilung, denn die übrigen Schiffe befanden sich größtenteils abgerüstet in Pula. Von der preußischen Flotte befand sich die Fregatte »Gazelle« in ostasiatischen Gewässern und konnte in die Feindseligkeiten nicht eingreifen. Das preußische Mittelmeergeschwader bestand aus dem Raddampfer »Preußischer Adler«, den Kanonenbooten I. Klasse »Blitz« und »Basilisk« und befand sich auf der Heimreise in die Ostsee.

* Wilhelm von Tegetthoff, Vizeadmiral. Er wurde 1827 in Marburg an der Drau (heute Maribor in Jugoslawien) geboren. Tegetthoff stammte aus einer westfälischen Familie, die in Paderborn ansässig war. Seine Vorfahren standen seit dem 18. Jahrhundert in österreichischen Diensten. 1840 trat er mit 13 Jahren in das Kadettenkollegium in Venedig ein und erhielt 1849 seine erste Feuertaufe bei der Blockade Venedigs. Er wurde 1852 Linienschiffsleutnant und 1861 Linienschiffskapitän. Nach dem Seegefecht bei Helgoland 1864 wurde er zum Konteradmiral befördert und war mit 36 Jahren der jüngste Admiral der österreichischen Marine. 1866 wurde er Flottenkommandant und besiegte am 20. Juli 1866 die überlegene italienische Flotte bei Lissa (Vis) und wurde zum Vizeadmiral befördert. Ab 1868 war er Chef der Marinesektion im Kriegsministerium. Tegetthoff starb 1871 in Wien.

Batteriedeck eines preußischen Schulschiffes

Bei Ausbruch des Krieges waren die dänischen Fregatten »Niels Juel« und »Själland« und die Korvetten »Heimdal« und »Thor« sowie acht weitere Schiffe ausgerüstet. Die »Niels Juel« hatte Ende Januar 1864 Wachstellung im Skagerrak bezogen, um das preußische Mittelmeergeschwader abzufangen.
Von seiner absoluten Seeherrschaft machte Dänemark aber keinen Gebrauch. Ein Angriff auf die noch nicht kampfbereiten preußischen Schiffe unterblieb, obwohl diese Aktion, vom militärischen Standpunkt aus, naheliegend war. Vielleicht hatten die Dänen auch größten Respekt vor den modernen preußischen Kanonenbooten.
Kennzeichnend für die dänische Kriegführung war das Vermeiden jeden Risikos. So galten denn auch die ersten Maßnahmen hauptsächlich dem Handelskrieg, denn die dänischen Kriegsschiffe erhielten den Befehl, »österreichische und deutsche Schiffe als Prisen aufzubringen«.
Anfang 1864 befanden sich ca. 160 österreichische Handelsschiffe auf den Weltmeeren. Ca. 70 Schiffe lagen in englischen Häfen, die nicht auslaufen konnten, ohne in Gefahr zu kommen, aufgebracht zu werden. Österreich

hatte aber nicht nur seinen eigenen, sondern den gesamten deutschen Seehandel zu schützen, da die anderen deutschen Staaten infolge ihrer unzureichenden Seerüstung dazu gar nicht in der Lage waren.
Der deutsche Nordseehandel konnte nur dann geschützt werden, wenn österreichische Kriegsschiffe aus der Adria in die 3000 Seemeilen entfernte Nordsee kamen! Am 23. Februar wurde die Indienststellung eines Nordseegeschwaders angeordnet und Konteradmiral Bernhard Freiherr von Wüllerstorf-Urbair* mit dem Kommando über die österreichischen Seestreitkräfte beauftragt. Der Raddampfer »Elisabeth« wurde zum Flaggschiff bestimmt.
Für die Entsendung in die Nordsee wurde die 2. Division der österreichischen Flotte – das Levante-Geschwader unter dem Kommando von Kommodore Wilhelm von Tegetthoff herangezogen. Tegetthoff kreuzte in der Nähe von Rhodos, als er die Nachricht vom Kriegsausbruch und den Befehl, mit den Fregatten »Schwarzenberg« und »Radetzky«, der Korvette »Dandolo« und dem Kanonenboot »Seehund« nach Lissabon aufzubrechen, erhielt. Dort sollte er auf das von Wüllerstorf in Pula zu bildende Geschwader warten. Tegetthoff traf mit der »Schwarzenberg« in Korfu ein und erwartete die »Seehund«. Am 4. März verließen beide Schiffe Korfu und liefen am 6. März in La Valetta (Malta) ein, wo die »Dandolo« ebenfalls eintraf. Der an Bord der »Schwarzenberg« als Batterieoffizier abkommandierte Paschen (er wurde später Chef der Marinestation in Wilhelmshaven und Vizeadmiral) berichtete über die große Freude, welche die Nachricht bei der Mannschaft auslöste, und fährt fort: »...obwohl ihr die Interessen, um die es sich handelte, so fern lagen wie der Mond und sie auch kein Verständnis dafür besitzen konnte, war doch der eigentliche Hintergrund, das erste Morgendämmern der Wiedergeburt des Deutschen Reiches, noch für niemand erkennbar.«

* Bernhard Freiherr von Wüllerstorf-Urbair, Vizeadmiral. Er wurde 1816 in Triest geboren und trat 1833 in die österreichische Marine ein. Wurde Leiter der Marinesternwarte und Direktor des Kadettenkollegiums in Venedig. Er führte die Fregatte »Novara« auf ihrer Weltumseglung 1857–1859, wurde 1860 Hafenadmiral von Pula und kommandierte 1864 das österreichische Nordseegeschwader. Von 1865 bis 1867 war Wüllerstorf Handelsminister. Er starb 1883 in Klobenstein bei Bozen.

TEGETTHOFFS MARSCH IN DIE NORDSEE

Da die in dem österreichischen Kriegshafen Pula liegende »Radetzky« nicht sofort seeklar gemacht werden konnte, verließ Tegetthoff am 7. März mit der »Schwarzenberg« und »Seehund« La Valetta und traf am 10. März in Algier ein, um Kohlen zu übernehmen. Behindert durch einen Nordoststurm erreichten die beiden Schiffe erst am 14. März Gibraltar und setzten nach der Kohlenübernahme noch am gleichen Tag ihre Reise fort. Am 17. März wurde in Lissabon festgemacht. Infolge eines Kesselschadens konnte die »Dandolo« die Reise in die Nordsee nicht fortsetzen und wurde angewiesen, in der Straße von Gibraltar zu kreuzen.

Die erste Berührung mit einem dänischen Schiff in diesem Krieg hatte Tegetthoff am 16. März, als auf der Höhe von Cádiz die Brigg »Grethe« aufgebracht wurde. Diese wurde im Schlepp bis Lissabon mitgenommen und mit einer Prisenbesatzung nach Gibraltar zurückgesandt und dort von der »Dandolo« nach Pula zum Prisengericht geleitet.

Nachdem die Fregatte »Radetzky« in Pula ausgerüstet worden war, ging sie Anfang März in See und erreichte am 4. April ebenfalls Lissabon. Einen Tag später folgten die drei Schiffe, um sich in Nieuwediep (Den Helder) mit dem preußischen Mittelmeergeschwader zu treffen.

Als die »Schwarzenberg«, »Radetzky« und »Seehund« am 6./7. April Kap Finisterre passierten, liefen sie gegen einen steifen Ostsüdostwind in die Biskaya ein. Da der Wind weiter auffrischte und die »Seehund« den Kurs nicht mehr halten konnte, mußte Tegetthoff abfallen lassen und sich hinter Kap Finisterre zurückziehen. Da auch der folgende Tag keine Wetterbesserung brachte, ankerte man am 8. April in Vigo. Bei Windstärke 7 bis 8 stach man am 9. April wieder in See und erreichte schließlich am 14. April Brest. Die »Seehund« mußte noch Ferrol anlaufen und hielt sich dicht unter der Küste, so daß sie erst am 16. April in Brest eintraf.

Von den Franzosen wurden die Österreicher mit großem Entgegenkommen behandelt – eine Reaktion auf Englands Parteinahme für Dänemark. Ursprünglich sollte hier auf Wüllerstorf gewartet werden, der seine Schiffe in dieser Zeit in Gibraltar sammelte. Da das Gros aber nicht so bald zur Stelle sein würde, erhielt Tegetthoff den Befehl, den österreichischen Botschafter in London aufzusuchen und dann gemeinsam mit den preußischen Schiffen in die Nordsee zu gehen.

In dem am 23. April übermittelten telegrafischen Befehl hieß es: »... haben Sie sich mit Vorsicht nach Texel zu begeben. Die dort liegenden preußischen Schiffe werden sich unter Ihr Kommando stellen. Wenn Sie sich ...

Das österreichische Nordseegeschwader vor der Elbmündung: »Schwarzenberg« (Fregatte), »Friedrich« (Korvette), »Kaiser« (Linienschiff),

»Juan de Austria« (Panzerfregatte), »Radetzky« (Fregatte), »Seehund« (Kanonenboot), »Wall« (Kanonenboot), »Elisabeth« (Raddampfer)

Der Leuchtturm auf der Insel Neuwerk

für stark genug halten, einen Erfolg erzielen zu können, so trachten Sie um jeden Preis, die Blockade von Hamburg zu brechen. Eile tut not.«
Tegetthoff begab sich nach London, wo er die Erklärung abgeben sollte, daß keine österreichischen Schiffe in die Ostsee gehen werden. Nach langwierigen Regierungsverhandlungen versprach Österreich, seine Schiffe nicht in die Ostsee gehen zu lassen. Zu dieser Zeit hatte man den Eindruck, daß England zu einem Krieg gegen das Kaiserreich bereit wäre, denn die Engländer hatten ihre Kanalflotte zusammengezogen und ein Übungsgeschwader aus den portugiesischen Gewässern zurückgerufen. Aufgrund dieser ernstzunehmenden Drohung rechnete man damit, daß

Tegetthoff es nicht einmal wagen würde, in die Nordsee einzulaufen. Dieser ließ sich aber nicht einschüchtern, sondern ging am 30. April mit seinen beiden Fregatten gefechtsklar in See und erreichte am 1. Mai 1864 Nieuwediep (Den Helder). Die »Seehund« lief zur Ergänzung seiner Kohlen Ramsgate an. Beim Einsegeln in den Hafen wurde aber, durch Verschulden des englischen Hafenlotsen, das Schiff an die Mole getrieben und so stark beschädigt, daß die Havarien in der Werft in Sheerness behoben werden mußten.
In Den Helder wurde Tegetthoff bereits von dem preußischen Mittelmeergeschwader erwartet. Es bestand aus den Schiffen »Preußischer Adler«, »Blitz« und »Basilisk«, die nach Aufenthalten in Brest und Cherbourg bereits seit 14. März hier ankerten. Da man sich von den aufstrebenden Preußen bedroht fühlte, sympathisierten die meisten Niederländer mit den Dänen. Trotzdem muß der Umgang zwischen den niederländischen und preußischen Offizieren freundschaftlich gewesen sein, da man sich gegenseitig zu Schießübungen einlud.
Am 3. Mai verließ das aus fünf Schiffen bestehende alliierte Geschwader die Reede von Den Helder. Ohne unterwegs dem Feind begegnet zu sein, traf Tegetthoff am 4. Mai 1864 nachmittags unter dem Jubel der Bevölkerung in Cuxhaven ein.

TEGETTHOFF SUCHT DEN FEIND

Bald nach der Ankunft in Cuxhaven kam der österreichische Konsularagent Kröger an Bord der »Schwarzenberg« und berichtete Tegetthoff, daß sich in der Nordsee keine dänischen Kriegsschiffe befinden. Die bislang höchst unzureichende Nachrichtenversorgung änderte sich jetzt schlagartig, denn Kröger hatte in Kristiansand (Norwegen) und auf dem damals englischen Helgoland Vertrauensleute, die ihm über Bewegungen dänischer Kriegsschiffe berichteten. Zu dieser Zeit befand sich das Gros der dänischen Flotte immer noch in der Ostsee.
Um das deutsche Nordseegeschwader zu beobachten, waren die englische Fregatte »Aurora« und der Aviso »Black Eagle« von England nach Helgoland gesandt worden. Als am 6. Mai um 10.30 Uhr die »Black Eagle« in Cuxhaven einlief, befand sich der bekannte Polarfahrer Kapitän Sir Leopold McClintock, Kommandant der »Aurora«, an Bord. Ein zur Begrüßung an Bord gesandter österreichischer Offizier wurde aber nicht von ihm empfangen, da er nicht gesehen werden wollte. Um 17.15 Uhr verließ die »Black Eagle« Cuxhaven und dampfte nach Helgoland zurück.

Da Kröger am 6. Mai die Anwesenheit dänischer Kriegsschiffe vor der Elbmündung gemeldet hatte, ließ Tegetthoff sogleich die Kessel anheizen und lief am Abend aus. Bei guter Sicht fuhr das Geschwader in nordwestlicher Richtung und passierte am Morgen des 7. Mai um ca. 4.00 Uhr Helgoland. Auf dem Wege dorthin hatte es einen unfreiwilligen Aufenthalt gegeben, denn die »Schwarzenberg« geriet beim dritten Feuerschiff auf Grund und kam erst nach zwei Stunden wieder frei.
Als die Alliierten Helgoland passierten, wurde im Norden in ca. zehn Seemeilen Entfernung ein Schiff gesichtet. Da es für ein dänisches Kriegsschiff gehalten wurde, ließ Tegetthoff das Signal »allgemeine Jagd« geben. Mit äußerster Maschinenkraft und allen Segeln, ohne Rücksicht auf die Ordnung im Verband, wurde der Befehl ausgeführt. Das fremde Schiff setzte Segel, machte Dampf und nahm Kurs auf Norden. Da die »Schwarzenberg« eine Geschwindigkeit von 13 Knoten erreichte, ließ sie die »Radetzky« und die langsamen preußischen Kanonenboote bald zurück.
Nachdem die »Schwarzenberg« die fremde Fregatte nahezu eingeholt hatte und die Geschütze klar gemacht waren, hißte der vermeintliche Däne die englische Flagge. Als man das fremde Schiff als die »Aurora« erkannte, war der Ärger auf seiten der Deutschen groß. Erlaubte sich die »Aurora« nur einen Spaß, oder wollten die Engländer den Dänen Hilfestellung geben, indem sie die Deutschen von ihrer Basis fortlockten? Nach Bergung der Segel auf der »Schwarzenberg« nahm man südlichen Kurs, um sich mit dem übrigen Geschwader zu vereinigen und fuhr abends zurück nach Cuxhaven.
Am nächsten Morgen kreuzte das Geschwader wieder vor der Elbmündung. Tegetthoff sandte den Raddampfer »Preußischer Adler« nach Helgoland, »Blitz« in die Elbe und »Basilisk« in die Weser, um zu erfahren, ob man Dänen gesichtet hatte.
Abends vereinigte sich das Geschwader wieder in der Elbmündung, ohne über den Feind etwas in Erfahrung gebracht zu haben. Am folgenden Morgen, dem 9. Mai 1864, lief das Geschwader in die Elbe ein, damit die preußischen Kanonenboote ihre Kohlenvorräte ergänzen konnten. Um 10.30 Uhr – zwischen der Insel Neuwerk und Cuxhaven – kam den Alliierten ein kleiner Dampfer entgegen. An Bord befand sich Kröger, der Kommodore Tegetthoff eine Meldung aus Helgoland überbrachte, daß drei dänische Kriegsschiffe im östlichen Fahrwasser gesichtet wurden. Tegetthoff gab Kröger ein Telegramm für das Marineministerium in Wien mit folgendem Inhalt mit: »War im Begriff nach Cuxhaven zurückzukehren, nachdem ich in See nichts gefunden, als ich erneut Nachricht über dänische Schiffe bei Helgoland erhielt. Gehe daher wieder in See.«

Gegen 11.00 Uhr nahm das Geschwader Kurs auf Helgoland, und auf den fünf Schiffen wurden die Vorbereitungen für das zu erwartende Gefecht getroffen. Nach über drei Monaten Krieg sollte in einigen Stunden die Entscheidung über die Seeherrschaft in der Nordsee fallen.

TÄTIGKEIT DER DÄNEN IN DER NORDSEE

Im ersten Monat des Krieges war die deutsche Nordseeküste von der dänischen Seekriegführung nicht unmittelbar betroffen worden. Als jedoch bekannt wurde, daß Österreich vorhatte, ein Geschwader in die Nordsee zu entsenden, wurde die dänische Regierung zum Handeln gezwungen. Mit Erlaß des Marineministers vom 29. Februar 1864 wurde Kapitän Suenson mit der Führung des dänischen Nordseegeschwaders betraut. Es sollte aus der Fregatte »Niels Juel« und den beiden Korvetten »Heimdal« und »Dagmar« bestehen. Mit der Anwesenheit der »Niels Juel« in der Deutschen Bucht begann eine permanente Bedrohung des deutschen Nordseehandels. Natürlich konnte eine einzelne dänische Fregatte nicht zugleich gegenüber Hamburg, Bremen und anderen Häfen eine »enge Blockade« im Sinne des Völkerrechts ausüben, wohl aber die wichtigsten Seeverbindungen unterbrechen und der deutschen Schiffahrt schweren Schaden zufügen. Da das österreichische Geschwader noch weit von der Nordsee entfernt war, konnte die durch Schlechtwetter zu Schaden gekommene »Niels Juel« unbedenklich durch die viel schwächere Korvette »Dagmar« abgelöst werden. Diese führte in der zweiten Märzhälfte im Kanal Handelskrieg und lief am 28. März den englischen Hafen Harwich an, als sich das Gerücht verbreitete, daß die Österreicher im Anmarsch seien. Die »Dagmar« zog sich in die Deutsche Bucht zurück und stand ab 2. April vor der Elbmündung.
Als man in Kopenhagen erfuhr, daß die »Radetzky« Gibraltar erreicht hatte, erhielt Kapitän Suenson die Order, mit der »Niels Juel« und der »Heimdal«, die aus der Ostsee kamen, Kristiansand anzulaufen und sich ab 6. April mit der »Dagmar« zwischen Borkum und Helgoland zu treffen. In der Order hieß es weiter: »Sie beschützen den dänischen Handel und die dänischen Schiffe in der Nordsee und im Kanal, trachten so viele deutsche Schiffe als möglich zu nehmen und verhindern nach Tunlichkeit, daß feindliche Schiffe durch den Kanal und die Nordsee in die dänischen Gewässer vordringen.« Am 12. April stieß die »Dagmar« zu Suensons Abteilung, und das nun vereinigte dänische Nordseegeschwader führte vor der Elb- und Wesermündung mit großem Erfolg Handelskrieg. Der

dänischen Blockade fielen 19 Kauffahrer zum Opfer. Dabei wurden die telegrafischen Verbindungen mit Kopenhagen und London über Helgoland abgewickelt, und der dänische Befehlshaber auf den Nordfriesischen Inseln, Kapitänleutnant Hammer, hatte Maßnahmen für Proviant- und Kohlenversorgung getroffen.
Die geringe Stärke der preußischen Flotte in der Ostsee hätte den Dänen erlaubt, ein Geschwader in die Nordsee zu entsenden, um Tegetthoff sicher zu schlagen oder ihn zumindest zu veranlassen, im Kanal die Verstärkung abzuwarten. Aus unverständlichen Gründen band Dänemark aber das Gros seiner Flotte in der Ostsee. Das wesentlich stärkere dänische Ostseegeschwader beschränkte sich aber im wesentlichen auf eine »weite Blockade« der Weichsel- und Odermündungen und auf kleinere Scharmützel. Ohne zwar greifbare Erfolge zu erzielen, waren es die viel schwächeren Preußen, die immer die Angreifer waren. Das bedeutendste Seegefecht wurde am 17. März 1864 bei Jasmund ausgetragen und brachte der jungen preußischen Marine die erste Bewährung im Kampfe. Unverständlicherweise wurde von den Dänen auch nie ein Angriff gegen die preußische Flotte oder gegen preußische Küstenorte versucht. Diese Operationen hätten dem Krieg durchaus eine andere Richtung geben können. Zusammenfassend kann über die dänischen Seestreitkräfte gesagt werden, daß sie in der Ostsee sehr stark, aber inaktiv waren, in der Nordsee waren sie sehr aktiv, aber zu schwach.
Am 23. April befand sich das dänische Nordseegeschwader wieder in Kristiansand, da die Ablösung der Korvette »Dagmar« durch die Fregatte »Jylland« bevorstand. Die aus der Ostsee kommende »Jylland« hatte in Kopenhagen neue Mannschaften für das Geschwader an Bord genommen. In der Nacht auf den 5. Mai blieb das Geschwader unter Dampf auf See vor Kristiansand, wo Suenson auf die »Jylland« ungeduldig wartete, um sofort in die Deutsche Bucht zu gehen. Mit der »Jylland« war Suenson eindeutig stärker als Tegetthoff und wollte daher so schnell wie möglich die Deutschen angreifen, bevor die Verstärkungen eintrafen. Endlich, am 5. Mai, traf die »Jylland« vor Kristiansand ein. Die drei Schiffe waren nun klar, um in die Deutsche Bucht abzugehen. Das Geschwader dampfte gegen Süden, erreichte List auf Sylt und ankerte am 8. Mai nachmittags im Schmal Tief, südlich vom Amrum.
Am 9. Mai 1864 kreuzte das dänische Nordseegeschwader nordöstlich von Helgoland, als man kurz nach 11.00 Uhr im Süden Rauch wahrnahm. Als sich die Konturen der Schiffe besser am Horizont abzeichneten, gab es für die Dänen keine Zweifel: Vor ihnen befand sich das deutsche Nordseegeschwader.

Als Tegetthoff Neuwerk seewärts passiert hatte, wurde kurz nach 11.00 Uhr im Norden Rauch gesichtet. Gegen 13.00 Uhr kamen die drei dänischen Kriegsschiffe in Sicht, die mit südwestlichem Kurs gegen Helgoland steuerten. Die Dänen bildeten eine Kiellinie. Voraus das Flaggschiff »Niels Juel«, dann die »Jylland« und am Ende die »Heimdal«. Die Schiffe schlossen auf, so daß der Abstand voneinander nur ca. 200 Meter betrug. Die Verbündeten fuhren in Dwarslinie. Tegetthoff stand auf der Kommandobrücke der »Schwarzenberg«, die den linken Flügel bildete, anschließend die »Radetzky«, »Preußischer Adler«, »Basilisk« und »Blitz«. Der ursprünglich eingeschlagene Kurs Nordost wurde später in nördliche Richtung auf das feindliche Geschwader gerichtet.

DAS SEEGEFECHT BEI HELGOLAND AM 9. MAI 1864

Nachdem auf allen Masten der deutschen Schiffe die Kriegsflagge gehißt worden war – die sogenannte »kleine Flaggengala« – gab Tegetthoff das Signal: »Unsere Armeen haben Siege erkämpft, tun wir das gleiche.« Und bald darauf: »Klarschiff zum Gefecht!« Jetzt war es 13.30 Uhr (Karte Seite 89 [1]). Zu dieser Zeit ging Suenson auf Südostkurs – Tegetthoff direkt entgegen. Dieser wollte die Dänen von Helgoland abschneiden und formierte das verbündete Geschwader in Kiellinie. An der Spitze die »Schwarzenberg«, dann die »Radetzky« und mit größerem Abstand die drei preußischen Schiffe. Während die beiden Fregatten dem Feind entgegen dichter aufschlossen, mußten die drei preußischen Schiffe aufgrund ihrer geringeren Geschwindigkeit zurückbleiben und hielten sich leewärts von den Österreichern. [2] Kurz vor 14.00 Uhr, südöstlich von Helgoland, eröffnete die »Schwarzenberg« auf eine Entfernung von ca. 3500 Metern das Feuer, und es entwickelte sich ein Passiergefecht an Steuerbord. Als die beiden Geschwader aneinander vorbeifuhren, betrug der Abstand ca. 1500 Meter. Beim Passieren erhielten die »Schwarzenberg« und »Radetzky« volle Lagen der drei dänischen Schiffe und mußten erhebliche Treffer hinnehmen. Auf der »Schwarzenberg« wurde ein Geschütz samt Bedienungsmannschaft außer Gefecht gesetzt. Die in der Mitte fahrende »Jylland« erhielt von den Österreichern das meiste Feuer.
Die preußischen Schiffe standen immer noch backbord achteraus von den Österreichern. Diese Lage wollte Suenson ausnutzen, um zwischen die beiden Fregatten und die preußischen Schiffe zu gelangen und letztere vom Geschwader abzuschneiden. Da für die preußischen Schiffe höchste

Heimdal. Jylland. Niels Juel. Radetz

Das Seegefecht bei Helgoland am 9. Mai 1864: »Heimdal«, »Jylland«

»Niels Juel«, »Radetzky«, »Preußischer Adler«, »Basilisk«, »Blitz«

Gefahr bestand, wendete Tegetthoff mit beiden Fregatten nach steuerbord und hielt auf die Dänen zu mit der Absicht, die »Niels Juel« zu entern. [3] Die Dänen bewunderten dieses Vorgehen, denn der dänische Historiker Luetken berichtete, daß sie »... über dieses tollkühne Manöver ganz verblüfft waren. Es sah aus, als ob Tegetthoff sich nicht allein ritterlich zur Unterstützung seiner preußischen Kameraden anschickte, sondern auch die Tradition früherer Jahrhunderte auffrischen wollte. Dieses unerschrokkene Drauflosgehen auf den Feind erinnerte an die Taktik Nelsons, der den Sieg so oft durch tollkühnen Durchbruch der gegnerischen Linie errang.« Käme Tegetthoff auf diese Weise in den Besitz eines dänischen Schiffes, dann wäre die artilleristische Überlegenheit der Dänen gebrochen und die Vernichtung des dänischen Nordseegeschwaders nicht mehr abzuwenden gewesen. Tegetthoff war zwar dicht an die dänischen Schiffe herangekommen, doch Suenson wich nach backbord aus. Die große Gefahr für die preußischen Schiffe war damit abgewendet. Jetzt entwikkelte sich auf kurze Entfernung ein laufendes Gefecht, und Österreicher und Dänen feuerten ihre Breitseiten ab. [4] Beide Geschwader liefen südwestlichen Kurs, wobei die Dänen an backbord der Verbündeten fuhren. Tegetthoff gab seine ursprüngliche Absicht nicht auf. Aber so oft er nach backbord drehte, wich Suenson in derselben Richtung aus, und der Kampf blieb weiterhin ein laufendes Gefecht. Dabei vereinigten die dänischen Fregatten ihr Feuer auf Tegetthoffs Flaggschiff, während die »Radetzky« fast nur von der »Heimdal« beschossen wurde.
Die preußischen Schiffe waren ebenfalls auf Südkurs gegangen und beteiligten sich an dem Gefecht aus größerer Entfernung.
Die »Schwarzenberg« erhielt zahlreiche Treffer. Eine Granate hatte das Segeldepot getroffen, und da die Pulverkammer gefährdet war, warf sich die Mannschaft auf die brennenden Segelrollen und erstickte mit ihren Körpern das Feuer. Während die Brände kaum Auswirkungen auf die Kampfkraft des Schiffes hatten, nahmen die Mannschaftsverluste derart zu, daß einige Geschütze nicht mehr bedient werden konnten. Gegen 16.00 Uhr wurde auf der »Schwarzenberg« das festgemachte Vormarssegel in Brand geschossen. Bald ergriff das Feuer den ganzen Fockmast, und die herunterstürzenden brennenden Teile der Takelage brachten die Pulverkammer abermals in große Gefahr. Da der Brand nicht zu löschen war, entschloß sich Tegetthoff, sein Schiff vor den Wind, d. h. Kurs Westnordwest zu bringen und ließ deshalb die »Schwarzenberg« vom Wind abfallen. Während diese nach steuerbord wendete und sich Richtung Helgoland bewegte, behielt die »Radetzky« zunächst den alten Kurs bei und legte sich so zwischen das deutsche Flaggschiff und das dänische

Treffer in der Batterie

Geschwader. [5] Mit diesem Manöver zog sie das dänische Feuer auf sich, und die brennende »Schwarzenberg« entfernte sich vom Kampfplatz.
Als die »Schwarzenberg« nach steuerbord wendete, folgten die preußischen Schiffe sofort. Tegetthoff befahl, eine Dwarslinie zu bilden, damit alle fünf Schiffe ihre Heckgeschütze gegen die achteraus befindlichen Dänen einsetzen konnten. Als Suenson den Befehl zur Verfolgung der Verbündeten gab, erhielt die »Jylland« einen Treffer in der Steueranlage und wurde manövrierunfähig. Nach Behebung des Schadens nahmen zwar die Dänen die Verfolgung wieder auf, jedoch hatte Tegetthoff schon einen beträchtlichen Vorsprung und befand sich kurz vor dem neutralen Hoheitsgebiet. Suenson ließ die Verbündeten noch eine Zeitlang mit den Buggeschützen beschießen und stellte um 16.30 Uhr das Feuer ein.
Es stellt sich die Frage, warum die Dänen die Ausbesserung auf der »Jylland« abwarteten, obwohl sie noch mit den beiden anderen Schiffen den Kampf erfolgreich hätten weiterführen können. Da die »Schwarzenberg«

Die »Schwarzenberg« versucht mit brennendem Fockmast das neutrale Hoheitsgebiet vor Helgoland zu erreichen

den Kurs nicht ändern durfte und stark beschädigt war und die »Radetzky« und die preußischen Schiffe eindeutig schwächer waren, hätten die »Niels Juel« und »Heimdal« den Kampf fortsetzen können und gegen den schwächeren Gegner wohl auch Erfolge erzielt. Wenn man aber davon ausgeht, daß die Dänen auch erhebliche Verluste hatten und es ihnen bislang nicht gelungen war, die Verbündeten entscheidend zu treffen, so wird die Haltung Suensons verständlich, zumal er sicher daran dachte, den Kampf am nächsten Tag fortzusetzen. Während die Dänen zunächst auf dem Kampfplatz liegen blieben, gingen die Verbündeten bei Helgoland vor Anker. [6] Die Bekämpfung des Brandes auf der »Schwarzenberg« ging weiter; die vielen Verwundeten wurden versorgt, wobei die Ärzte und Mannschaften der preußischen Schiffe die Österreicher unterstützten. Die Ärzte hatten alle Hände voll zu tun, denn die splitternden

Die dramatische Löschaktion auf der Fregatte »Schwarzenberg«

Holzteile hatten noch schrecklichere Verletzungen verursacht als die eingeschlagenen Geschosse. Kommandant McClintock lag mit der »Aurora« vor Helgoland und hatte das Gefecht beobachtet. Als die Verbündeten ankerten, sandte er ein Boot zur »Schwarzenberg« und bot Hilfe an. Tegetthoff lehnte sie mit den Worten ab: »Danke, werde mir selber helfen.« Die Österreicher hatten erhebliche Verluste zu beklagen: auf der »Schwarzenberg« 32 Tote und 69 Verwundete, auf der »Radetzky« 5 Tote und 24 Verwundete. Auf den dänischen Schiffen waren 14 Mann gefallen. Die Preußen verzeichneten keine Treffer und hatten somit auch keine Verluste gehabt.
Daß die »Schwarzenberg« größere Schäden und Verluste erlitten hatte, lag in erster Linie daran, daß sie als Flaggschiff stärker beschossen wurde. Auf der »Schwarzenberg« mußte der brennende Fockmast gekappt werden.

TABELLE 4:
VERGLEICH DER AM SEEGEFECHT BEI HELGOLAND BETEILIGTEN SCHIFFE

Österreichisch-preußische Geschwader

Typ	Name	Verdrängung (t)	Leistung (PSno)	Geschwindigkeit (kn)	Anzahl der glatten Kanonen	Anzahl der gezogenen Kanonen	Besatzung
Fregatte	Schwarzenberg	2614	400	11	6 60-Pfünder 40 30-Pfünder	4 24-Pfünder	498
	Radetzky	2334	300	9	4 60-Pfünder 24 30-Pfünder	3 24-Pfünder	372
Raddampfer	Preußischer Adler	1171	150	10	2 68-Pfünder		110
Dampf-Kanonenboot I. Klasse	Blitz	353	80	9,3	1 68-Pfünder	1 24-Pfünder	66
	Basilisk	353	80	9,3	1 68-Pfünder	1 24-Pfünder	66
SUMME		6825	1010		78	9	1112

Dänische Geschwader

Typ	Name	Verdrängung (t)	Leistung (PSno)	Geschwindigkeit (kn)	Anzahl der glatten Kanonen	Anzahl der gezogenen Kanonen	Besatzung
Fregatte	Jylland	2450	400	12	32 30-Pfünder	8 18-Pfünder 4 12-Pfünder	437
	Niels Juel	1935	300	9,3	30 30-Pfünder	12 18-Pfünder	422
Korvette	Heimdal	1170	260	9	14 30-Pfünder	2 18-Pfünder	164
SUMME		5555	960		76	26	1023

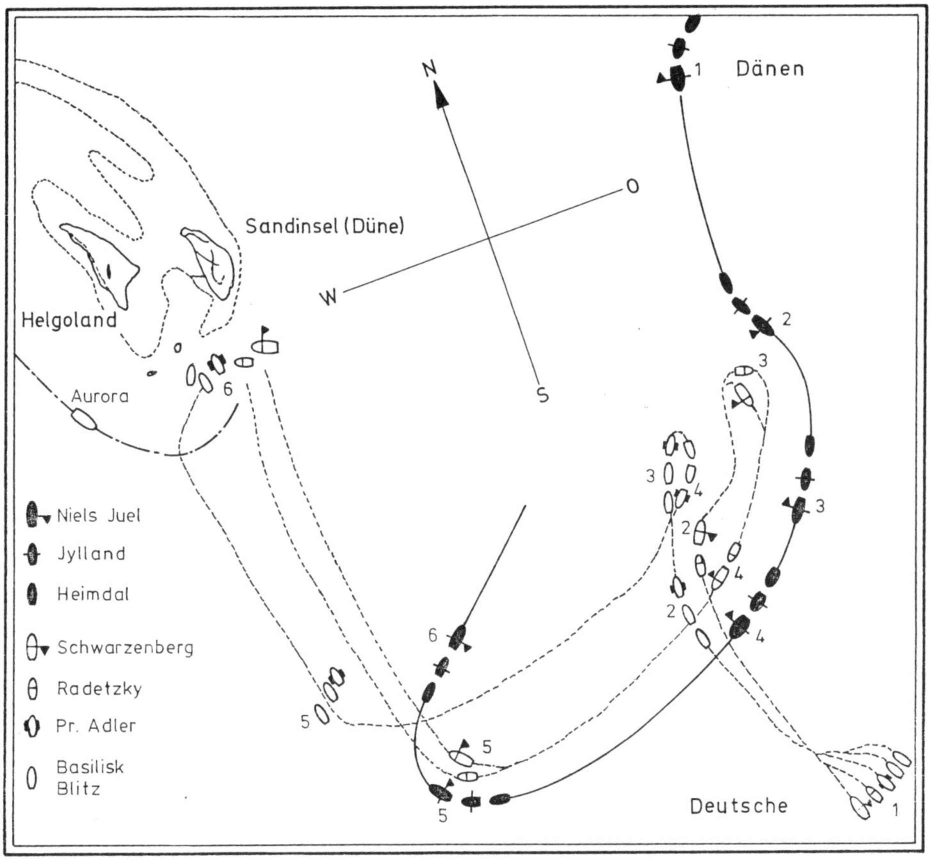

Das Seegefecht bei Helgoland am 9. Mai 1864

Diese Aufgabe erwies sich als sehr schwierig und wurde erst am späten Abend beendet.

Am 9. Mai, kurz vor 21.00 Uhr, telegrafierte Tegetthoff von Helgoland aus an das Marineministerium in Wien über das zweieinhalbstündige Gefecht und die erlittenen Schäden und Verluste. Weiters teilte er mit, daß die Dänen zwischen Helgoland und der Elbmündung kreuzten. Um Mitternacht lichtete Tegetthoff die Anker, um mit abgeblendeten Lichtern nach Cuxhaven zurückzukehren. Ohne weitere Feindberührung ankerte am 10. Mai morgens um 4.00 Uhr das alliierte Nordseegeschwader wieder vor Cuxhaven.

Noch am selben Tag ernannte Kaiser Franz Joseph I. Wilhelm von Tegetthoff zum Konteradmiral.

BESUCH AUF DER FREGATTE »SCHWARZENBERG« AM TAGE NACH DEM SEEGEFECHT BEI HELGOLAND

Bei dem folgenden Bericht handelt es sich um die hinterlassenen Erinnerungen des Ökonomierats Erich von Lehe, geboren 1853 in Padingbüttel, Land Wursten, herausgegeben von Dr. Erich von Lehe, Archivrat in Hamburg. Der 10. Mai 1864 in Cuxhaven wird detailliert wie folgt geschildert: »Als man von diesem Seesiege hörte, war man hier des Lobes voll über die Österreicher und ihren Admiral; die Begeisterung war groß, und viele Leute von hier reisten nach Ritzebüttel, um die dort liegenden Kriegsschiffe zu besehen. Die Seeschlacht war gewesen am 9. Mai und am 10. Mai fuhr auch Vater nach Ritzebüttel – Cuxhaven nannte man damals nur die Häuser am Deiche von der Schleuse bis zur ›Alten Liebe‹ – und nahm mich mit.

Ich war natürlich sehr froh, daß ich mitgenommen wurde, und die Freude wurde noch größer, als wir in Ritzebüttel erfuhren, daß die Besichtigung der Fregatte ›Schwarzenberg‹ heute freigegeben würde. Das Wetter war an dem Tage sehr schön, wir fuhren rechtzeitig weg und kamen wohl um halb zehn Uhr in Ritzebüttel an. Es wurde hier ausgespannt in Poggenburgs Hotel Deutsches Haus, das an der Hauptstraße mitten im Ort liegt. Poggenburg, der Wirt, war Vater bekannt, weil er in Dorum im Landeshause Kellner gewesen war; die Frau war ihm und auch Mutter bekannt, weil sie aus Dorum stammte, eine geborene Becker.

Da die Besichtigung des Schiffes vormittags noch nicht erlaubt war, hatten wir viel Zeit. Ich habe mir dann erst den Schloßgarten mit den auf dem Wall stehenden alten Kanonen angesehen, und dann haben wir in unserem Gasthause ganz standesgemäß gegessen. Es wurde in diesem Hause gut gekocht, und da Vater, wenn er nach Ritzebüttel oder Bremerhaven kam, auch wohl den Wurster Bauern hervorkehren mochte, wurde auch Wein getrunken. Nach dem Essen gingen wir zum Elbdeich. Die Elbe mit den stolzen Kriegsschiffen in nicht großer Entfernung gewährte bei dem sonnigen schönen Wetter einen prächtigen Anblick. Vorne ankerte die Fregatte ›Schwarzenberg‹. Man konnte ihr von hier, trotz des fehlenden Vordermastes, kaum ansehen, daß sie gestern einen so harten Strauß ausgefochten hatte, die Löcher in der Schiffswand sah man von hier ja nicht. Dann kam die Fregatte ›Radetzky‹ und etwas zurück die drei Kanonenboote. Auf der ›Alten Liebe‹ hatten sich schon verschiedene Leute eingefunden, die auch die Kriegsschiffe, die gestern den Kampf

Das österreichische Nordseegeschwader auf der Reede vor Cuxhaven am 10. Mai 1864

gehabt hatten, in Augenschein nehmen wollten. Ein Ruderboot, das etwa zehn Personen faßte, brachte uns an das Kriegsschiff, das etwa einen Kilometer von der ›Alten Liebe‹ entfernt lag. Da das Wasser ganz schlicht war, war der Aufstieg nicht schwierig, obgleich die Schiffswand mit ihren Stückpforten ziemlich hoch aus dem Wasser emporragte. In der hölzernen Schiffswand, die ein Fuß dick sein mochte, sah man die Löcher, die von den Kanonenkugeln der Dänen gemacht worden waren. Einige Kugeln, die nicht mehr die volle Kraft gehabt hatten, waren, nachdem sie ein Loch von vier bis fünf Zoll geschlagen hatten, zurückgefallen. Die Dänen hatten mit Vollkugeln in Senfkugelgröße geschossen, die ein Gewicht von 30 Pfund haben mochten.

SCHWARTZENBERG.

Das österreichisch-preußische

RADETSZKY. PRUSSIAN GUN-BOATS.

Geschwader nach dem Gefecht bei Helgoland

Das dänische Nordseegeschwader

auf der Reede vor Kristiansand

Der dänische Kapitän Eduard Suenson

Wir wurden anstandslos an Bord gelassen; ein bei der Aufgangsstelle postierter Seesoldat empfing uns und sagte, daß wir uns das Oberdeck besehen könnten. Nach unten zu gehen, könne nicht erlaubt werden. Wir wurden herumgeführt von einem deutschsprechenden Unteroffizier. Die Matrosen, wurde uns gesagt, seien fast alle Italiener und Dalmatier, die Seesoldaten (Marineinfanterie) seien Deutsche. Diese trugen Infanterie-Uniform aus blauem Tuch und hatten ein Gewehr; sie wurden auf den Schiffen zum Wachdienst verwendet. Beim Nahgefecht konnten sie natürlich auch ihr Gewehr gebrauchen. Diese Seesoldaten schienen mir so eine Art von Polizeitruppe auf den österreichischen Schiffen zu sein. Das Oberdeck war umgeben von einer Bordwand (Brustwehr) von etwa ein Fuß Dicke und vier Fuß Höhe. Etwa acht kleinere Kanonen hatten ihren Stand auf diesem Oberdeck. Die anderen Kanonen befanden sich in der Batterie unter dem Oberdeck.
Dicht bei dem Aufgang war eine Kanonenkugel durch die Brustwehr gegangen, quer über das Deck geflogen und auf der anderen Seite wieder durch die Bordwand gegangen. Auf dem Vorderdeck, wo der Fockmast gestanden hatte, war noch nicht alles wieder in Ordnung. Wanten und Tauwerk lagen hier noch durcheinander. Es muß eine böse Wirtschaft auf dem Schiffe gewesen sein, als der Mast in Brand geriet und im heftigsten feindlichen Feuer gekappt werden mußte. Von den Verwundeten war wohl ein Teil von den anderen Schiffen übernommen worden. Die 32 Toten lagen wohl unter dem Oberdeck. Sie sind am zweiten oder dritten Tag nach der Schlacht in Ritzebüttel ganz feierlich unter großer Beteiligung der Bevölkerung beerdigt worden. Leichtverwundete sah man mehrere auf dem Schiffe herumhumpeln; sie nahmen gerne eine Zigarre an.
Nach etwa einer Stunde traten wir die Rückfahrt an. Alle waren befriedigt, aber in ernster Stimmung. Als wir gelandet waren bei der ›Alten Liebe‹ und zurückgingen nach unserem Wirtshaus, trafen wir eine Abteilung Bürgerwehr in weißen Hosen, blauem Rock, Tschako auf dem Kopf, Patronentasche und geschultertem Gewehr, also in vollständiger Kriegsmontur. Man sagte uns, die Bürgerwehr hätte wohl eine Übung und würde sich wohl an der in den nächsten Tagen stattfindenden Beerdigung der gefallenen Österreicher beteiligen. Nachdem Vater noch etwas eingekauft hatte – aber keine Schmuggelware – und wir noch im Deutschen Haus Kaffee getrunken hatten, traten wir die Heimreise an. In Altenwalde wurde man auf zollpflichtige Waren untersucht, auch war damals noch in Altenwalde Chausseegeld zu entrichten. Bei der Mühle bog man ab in die Heide an Oxstedt vorbei nach Nordholz. Es war damals an dieser Strecke noch kein Stück Heide aufgebrochen.

An Bord der »Schwarzenberg« nach dem Seegefecht bei Helgoland. Auf dem Schanzkleid befinden sich Sandsäcke zum Schutz gegen feindliche Kugeln

Ich bin früher lieber nach Ritzebüttel gefahren als nach Bremerlehe und Bremerhaven. Für mich war das Schloß in Ritzebüttel mit seinen Kanonen auf dem Wall und den schönen Anlagen sehr interessant und auch der Blick auf die Elbe mit den vielen aus- und einfahrenden Schiffen. Auch die Fahrt von Altenwalde durch Süderwisch nach Ritzebüttel fand ich immer schön wegen des schönen Blicks in das Land Hadeln und wegen der schönen Höfe mit den netten Gartenanlagen an dieser Strecke.
Zu Hause kamen wir um etwa 8 Uhr an, und ich hatte einen schönen Tag erlebt.«

Konteradmiral Wilhelm von Tegetthoff vor seiner Mannschaft auf der »Schwarzenberg«

DIE GEFALLENEN ÖSTERREICHER WERDEN BEERDIGT

Nachdem das österreichisch-preußische Nordseegeschwader auf der Reede vor Cuxhaven geankert hatte, wurden die Schwerverletzten an Bord des »Preußischen Adlers« gebracht und nach Altona in das dortige Lazarett transportiert. Die 37 Toten wurden in einem Speicher am Hafen, der dem Kaufmann Kröger gehörte, aufgebahrt. Die Hilfsbereitschaft der Bevölkerung wurde dadurch unterstrichen, daß sich sofort nach dem Seegefecht ein Komitee aus Bewohnern von Ritzebüttel und Cuxhaven zur Verpflegung und ärztlichen Versorgung der Verwundeten bildete. Bereits am 10. Mai wurde der Auditor Hauptmann Kleinert auf dem evangelischen Martinsfriedhof von Ritzebüttel mit allen Ehren beigesetzt. Am 11. Mai fand die feierliche Beerdigung der 36 Gefallenen statt.

Das Tegetthoff-Denkmal in Graz

Denkmal mit den Namen der 18 gefallenen Dänen auf dem Friedhof Kristiansand (Norwegen)

Als ein Priester die Toten vor Krögers Speicher eingesegnet hatte, setzte sich ein Leichenzug in Bewegung, den es in dieser Größe an der Elbmündung noch nicht gegeben hatte. Voran schritten mit dumpfen Trommelschlägen die Spielleute der »Schwarzenberg«, gefolgt von einer Abteilung Marinesoldaten. Daran schlossen sich der Fregattenkaplan und Matrosen, die Weihrauch- und Weihwassergefäße sowie das Kruzifix trugen, an. Auf einfachen Ackerwagen ruhten die mit Kränzen geschmückten 37 Särge. Ein Sarg beinhaltete die amputierten Gliedmaßen der Österreicher. Der langen Wagenreihe folgten Konteradmiral Tegetthoff, Amtmann Dr. Kirchenpauer, österreichische, preußische und hamburgische Offiziere sowie Marinesoldaten. Den Schluß des Leichenzuges bildete

eine große Anzahl Bürger aus Ritzebüttel, Cuxhaven und Umgebung, die den Toten ebenfalls die letzte Ehre erwiesen. Sie hatten für die Rechte Schleswig-Holsteins gekämpft und dabei ihr Leben gelassen.
Der Trauerzug bewegte sich durch die mit vielen Trauerfahnen geschmückte Deichstraße und Nordersteinstraße zum Martinsfriedhof. Die Einsegnung am Massengrab erfolgte – im Beisein der evangelischen Pfarrer – nach katholischem Ritus durch den Schiffskaplan der »Schwarzenberg«. Der Schluß der Feier wird in einem zeitgenössischen Bericht wie folgt beschrieben: »Als die Ehrensalven des Militärs und der Schiffe dumpf über die Gräber, Land und Strand dahinrollten, da blickte manches Auge tränenschwer zum hellen Frühlingshimmel empor, und alle gedachten mit Trauer der Angehörigen im fernen Süden, deren Lieben hier weit im Norden ihr junges Leben hatten lassen müssen.«
Sehr dankbar zeigten sich die Österreicher für die spontane Hilfe der Bevölkerung. In der »Zeitung für das Amt Ritzebüttel etc.« war am 14. Mai folgende Danksagung eingerückt: »Namens meiner Kameraden, der Unteroffiziere an Bord der Fregatte ›Schwarzenberg‹, bin ich beauftragt, den edlen Bewohnern Ritzebüttels und Cuxhavens unseren tiefgefühlten Dank abzustatten für die Teilnahme, die sie unseren gefallenen und verwundeten tapferen Kameraden bezeigt haben, und für die freundliche Aufnahme, die uns hier zuteil ward. Anton Greif, k. k. Stückquartiermeister der Fregatte ›Schwarzenberg‹.«

DIE ERSTE WAFFENRUHE BEGINNT AM 12. MAI 1864

Am Tage des Gefechtes bei Helgoland, am 9. Mai 1864, wurde in London ein Waffenstillstandsvertrag unterzeichnet, der am 12. Mai in Kraft trat. Danach waren die Feindseligkeiten auf die Dauer eines Monats einzustellen, die Blockaden aufzuheben, und die militärischen Stellungen im Lande und zur See durften während der Waffenruhe nicht verstärkt werden.
Suenson hatte ca. eine Stunde nach dem Gefecht Kurs auf das Schmal Tief genommen, um mit Hammer die Vorbereitungen der Ausschiffung der Toten und Verwundeten zu treffen. Mit den Toten und Verwundeten an Bord fuhr das dänische Geschwader wieder zurück, um das Gefecht erneut aufzunehmen. Daß Tegetthoff einen nächtlichen Durchbruch wagen konnte, daran dachte Suenson wohl nicht, denn sonst hätte er den Kampfplatz nicht geräumt und sich damit die große Möglichkeit genommen, die

Verbündeten zu schlagen. Um 3.00 Uhr nachts kam ein Boot längsseits und überbrachte Suenson die Meldungen, daß sich das Gros des österreichischen Nordseegeschwaders der Deutschen Bucht nähere, und einen Befehl des Marineministeriums vom 9. Mai mit folgendem Wortlaut: »Aufgrund der vereinbarten Waffenruhe hat die Escadre nach Norwegen zurückzukehren.«
Suenson verließ vormittags Helgoland und traf am 11. Mai in Kristiansand ein. Am 13. Mai wurden die 18 Gefallenen unter großer Anteilnahme der Bevölkerung beigesetzt. Noch am selben Abend ging das Geschwader wieder in See und traf am 15. Mai in Kopenhagen ein. Suenson wurde begeistert empfangen und vom König mit einem hohen Orden ausgezeichnet.

BEWERTUNG DES SEEGEFECHTES

Kein anderes Gefecht der deutschen Marinegeschichte ist so unterschiedlich bewertet worden wie das Gefecht bei Helgoland am 9. Mai 1864. In Dänemark und England wurde es als dänischer Sieg gefeiert. In Norddeutschland wurde es als glorreicher Sieg Tegetthoffs aufgefaßt, und in Österreich wurde das Gefecht als ausgezeichnet bestandene Feuerprobe der jungen Marine angesehen und der Ausgang unentschieden bewertet.
Für die Beurteilung eines Gefechtes sind die Voraussetzungen, auf denen die Entschlüsse beruhen, von grundlegender Bedeutung. Tegetthoff hatte den Auftrag, »die Blockade von Hamburg ... zu brechen«, er mußte die Dänen von der Deutschen Bucht fernhalten bzw. daraus vertreiben. Für die Dänen war ein Sieg über die Alliierten bedeutend wertvoller als die Aufbringung einiger Handelsschiffe. Suenson wollte auf jeden Fall den Kampf, zumal sich ihm die günstige Gelegenheit bot, sich nur mit der Vorhut zu schlagen, solange das Gros noch weit im Süden war. Da insgesamt nur acht Schiffe an dem Gefecht beteiligt waren bzw. nur fünf für ein Seegefecht in Frage kamen, boten sich auf beiden Seiten kaum Möglichkeiten, mit taktischen Varianten zu operieren. Als die beiden Gegner aufeinander zusteuerten, trachteten sie zunächst danach, dem anderen den Rückzug zu verlegen. Tegetthoff wollte sich zwischen die Dänen und Helgoland schieben, und Suenson wollte die Verbündeten vom Festland abschneiden. Diese Taktik hatte zur Folge, daß die beiden Gegner aneinander vorbeiliefen und sich zwangsläufig ein Passiergefecht entwickeln mußte. Die Artillerie der damaligen Zeit bedingte zudem Kämpfe auf kurze Entfernungen. Während Suenson im Bewußtsein seiner artilleristischen Übermacht sich abwartend verhalten konnte, um seinen Gegner

allmählich niederzukämpfen, wollte Tegetthoff eine schnelle Entscheidung im Nahkampf erzwingen. Es zeigte sich aber, daß ein Enterkampf mit Dampfschiffen nicht zu erzwingen war, wenn der Gegner über gleichwertiges Schiffsmaterial verfügte.
Zweifellos war die artilleristische Überlegenheit der Dänen vorhanden, denn ihren 102 Kanonen standen nur 87 Kanonen auf alliierter Seite gegenüber. Die hohe Trefferausbeute der Dänen ist nur teilweise mit der höheren Anzahl der Geschütze zu erklären. Ursache war vielmehr der Einsatz gezogener Rohre. Im Vergleich der beiden Gegner betrug das Verhältnis 26 : 9 für die Dänen; d. h. bei ca. 25 Prozent aller am Gefecht eingesetzten dänischen Geschütze handelte es sich um gezogene Rohre, während die alliierten Schiffe mit ca. 10% dieser modernen Ausführung bewaffnet waren. Der Vorteil der gezogenen Ausführung zu dem glatten Rohr bestand darin, daß sich die verwendeten Langgeschosse nach dem Verlassen des Rohres nicht mehr überschlugen. Erreicht wurde dieser Effekt durch in der Seelenwand des Rohres spiralförmig eingeschnittene flache Vertiefungen, die dem Geschoß eine Drehung um seine Längsachse gab. Mit dieser Ausführung wurde die Treffsicherheit und Reichweite, im Vergleich zu den glatten Rohren, wesentlich erhöht.
Wäre die »Jylland« nicht manövrierunfähig geworden, dann hätte sich ein Dwarslinienkampf als Rückzugsgefecht entwickelt. Die Dänen hätten die Fregatte unbesorgt zurücklassen können, da die beiden anderen Schiffe den Verbündeten immer noch gewachsen waren. Die Gründe für Suensons Zögern könnten damit erklärt werden, daß er mit dem erzielten Ergebnis zufrieden war. Die »Schwarzenberg« war dermaßen zugerichtet, daß ein längerer Dockaufenthalt erforderlich wurde und Tegetthoff in dieser Zeit ausgeschaltet war. Mit einem rücksichtsloseren Einsatz hätten die Dänen vielleicht noch einige Treffer erzielt, sich aber durch Treffer der Verbündeten auch in eine ungünstigere Lage gebracht. Selbst im Falle eines Sieges hätten sie die Nordsee wohl verlassen müssen. Wäre das Gefecht bis in das englische Hoheitsgebiet vorgetragen worden, wäre es eventuell zu einem Völkerrechtsbruch gegenüber England gekommen. Das wollte Suenson nicht riskieren. Wenn man ihm einen Vorwurf machen will, dann den, daß er Tegetthoff zu einem Vorsprung verhalf. Man kann ihm aber keinen Vorwurf machen, daß er die ziemlich aussichtslose Verfolgung abbrach. Da Suenson die Absicht hatte, den Gegner abermals im Kampf zu stellen, kann man auch davon ausgehen, daß er seine Schiffe für diese entscheidende Aufgabe schonen wollte. Da er aber den Kampfplatz verließ und nicht in Sichtweite des Gegners blieb, muß bezweifelt werden, ob er sich noch einmal zum Kampf stellen wollte. Wäre er geblie-

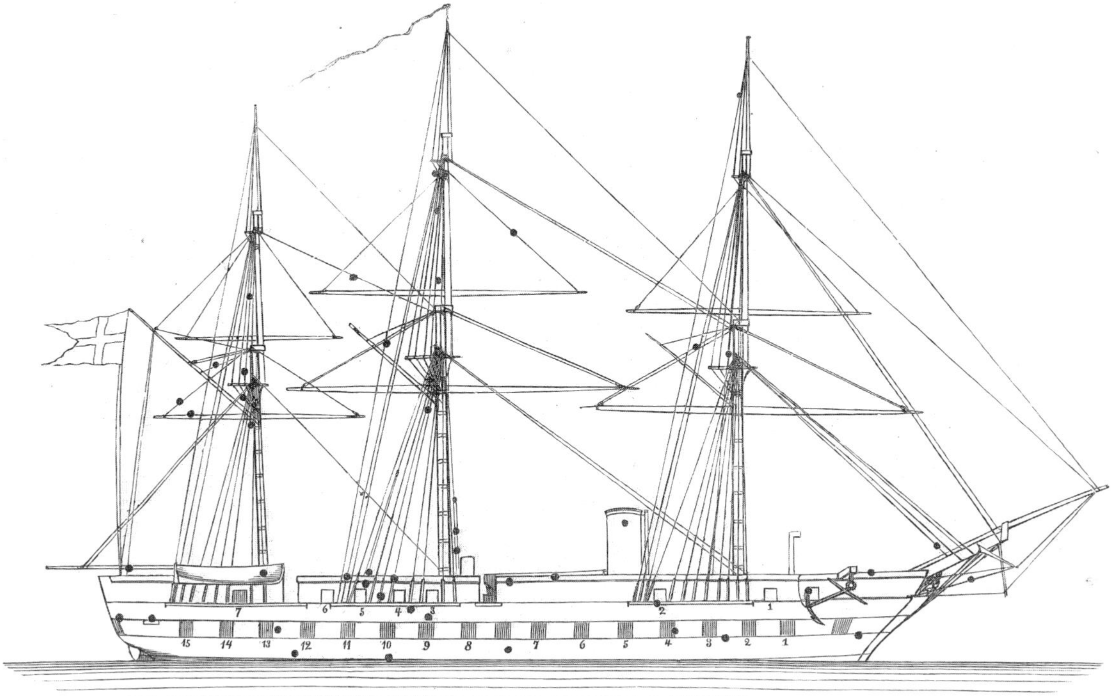

Trefferbild – ca. 20 Treffer – der Fregatte »Jylland« an Steuerbord (nach dänischen Angaben)

ben, dann hätte Tegetthoff nur die Möglichkeit gehabt, ein Durchbruchsgefecht zu wagen oder sich blockieren zu lassen. Für eine Blockade hätte er die beiden Fregatten vor Helgoland lassen können und die »Heimdal« zum Handelskrieg in die Elbmündung entsenden können. Das wäre nicht nur ein militärischer, sondern auch ein politischer Erfolg für Dänemark gewesen, für das es zu diesem Zeitpunkt auch ein wichtiger moralischer Erfolg gewesen wäre.

So nahe dem deutschen Hafen brauchte Tegetthoff eine Fortsetzung des Kampfes nicht zu scheuen. Weitere Treffer auf seinen Schiffen konnte er leichter in Kauf nehmen als die Dänen. Jeder Treffer auf einem dänischen Schiff bedeutete aber für Tegetthoff, seinem Ziel einen Schritt näherzukommen, um den Feind zur Räumung der Deutschen Bucht zu veranlassen. Für ein erneutes Zusammentreffen mit den Dänen war die Rückfahrt bei Nacht günstiger als bei Tag, da die Dänen bei Nacht ihre Überlegenheit nicht voll einsetzen konnten.

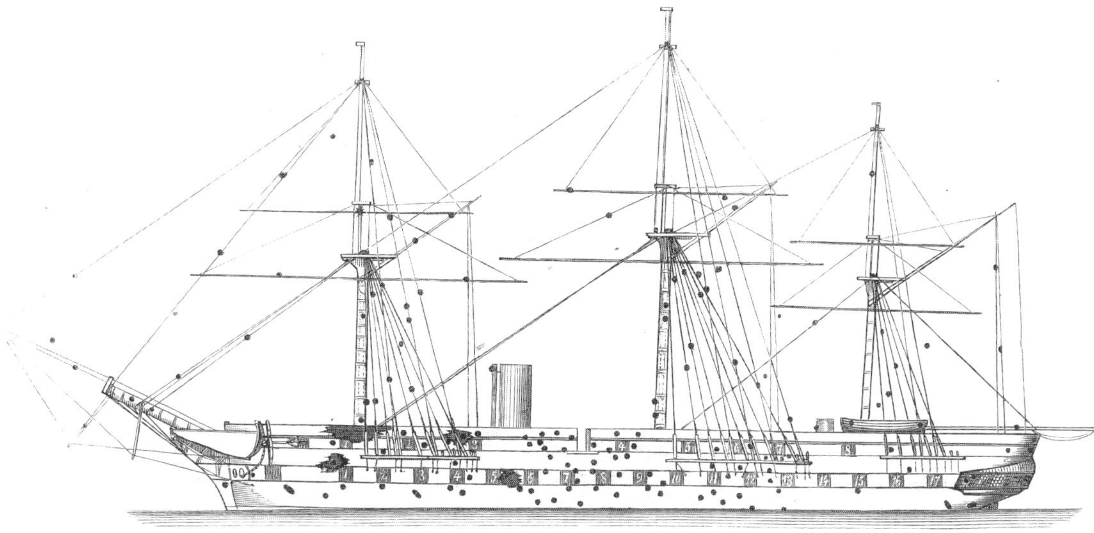

Trefferbild – ca. 80 Treffer – der Fregatte »Schwarzenberg« an Backbord (nach dänischen Angaben)

Der Grund für Suensons frühzeitige Rückkehr nach Kristiansand war in erster Linie der Befehl des dänischen Marineministeriums. Sicher hat die Nachricht über das baldige Eintreffen der österreichischen Hauptmacht, die bereits Brest erreicht hatte, die Entscheidung mit beeinflußt.
Auch wenn die Schäden und Verluste bei den Österreichern größer waren als bei dem Gegner, so hielten sie sich in Grenzen. Einen Sieg der Dänen konnte man daraus nicht ableiten. Vom militärischen Standpunkt aus gesehen, ist das Gefecht bei Helgoland am 9. Mai 1864 am fairsten als unentschieden zu werten. Der Brand auf der »Schwarzenberg« brachte die Erkenntnis, daß Besegelung und Tauwerk für ein Dampfkriegsschiff eine große Gefahr darstellten. Trotzdem blieb auf Kriegsschiffen die Kombination Dampf und Segel bei den führenden Seemächten noch rund 20 Jahre erhalten, da Kohle gespart werden mußte und die Reichweite mit Segel vervielfacht wurde.
In der Seekriegsgeschichte steht es als letztes größeres Gefecht zwischen Holzschiffen am Ende einer mehrtausendjährigen Vergangenheit. Es war

aber auch das erste größere Gefecht zwischen Dampfschiffen. Da sich keine modernen Panzerschiffe im Kampf gegenüberstanden, hatte das Gefecht bei Helgoland keinen Einfluß auf die weitere Verwendung von Eisen im Schiffsbau.
Konteradmiral Tegetthoff siegte übrigens zwei Jahre später, in der ersten Schlacht zwischen seegehenden Panzerschiffen bei Lissa über die italienische Flotte. Daß dem 9. Mai 1864 sowohl in Dänemark als auch in ganz Deutschland soviel Aufmerksamkeit geschenkt wurde, lag an den besonderen Verhältnissen in den beteiligten Ländern. Die dänische Kriegführung hatte im Jahr 1864 eine fast ununterbrochene Reihe von Niederlagen zu verzeichnen. In Kopenhagen hatte man mit Rückschlägen zu Lande gerechnet. Allerdings waren in die Flotte höhere Erwartungen gesetzt worden. Das Gefecht von Jasmund konnte auf keinen Fall als dänischer Seesieg gewertet werden, und auch die dänische Flotte konnte die Erstürmung des starken Brückenkopfs Düppel durch die Preußen nicht verhindern. Nun hatte sich mit dem Gefecht bei Helgoland ein dänisches Geschwader erfolgreich geschlagen und der Zufall der Windrichtung ließ das Geschehen so aussehen, als hätte Suenson seine Gegner auf neutrales Hoheitsgebiet gejagt. In einem jetzt nahezu gedemütigten Lande mit einer langen Seefahrtstradition wurde die Nachricht wie eine Erlösung empfunden. Da der weitere Kriegsverlauf keine Erfolge mehr brachte und der Sieg der Verbündeten sich deutlich abzeichnete, erhöhte sich die Bedeutung des Seegefechtes und wurde als einziger Lichtblick in diesem unglücklichen Jahr gefeiert.
Auch auf deutscher Seite wurde das Gefecht als Sieg betrachtet, da man Suensons Rückkehr nach Kopenhagen als Folge des Kampfes ansah. Die in der Habsburgermonarchie noch nicht besonders populäre Marine hatte sich bei Helgoland gut geschlagen und damit ihren Wert unterstrichen. Sie konnte sich neben den Siegen des österreichischen Heeres bei Oberselk, Oeversee und Vejle durchaus sehen lassen und rechtfertigte somit die Entsendung in die 3000 Seemeilen entfernte Deutsche Bucht.
Zu Ehren Tegetthoffs wurden in Wien und Pula Denkmäler errichtet. Das im Jahre 1877 in Pula enthüllte Denkmal steht heute in Graz mit folgender Inschrift:

Dem Vice-Admiral Wilhelm von Tegetthoff
Kaiser Franz Joseph I. 1877.
Tapfer kämpfend bei Helgoland,
Glorreich siegend bei Lissa,
Erwarb er unsterblichen Ruhm sich
Und Österreichs Seemacht.

WÜLLERSTORFS MARSCH IN DIE NORDSEE

Am Tage des Gefechtes bei Helgoland, am 9. Mai, befand sich die Hauptmacht des österreichischen Nordseegeschwaders in Brest.

Konteradmiral Wüllerstorf hatte sich Anfang März auf dem Raddampfer »Elisabeth« eingeschifft und sich nach Pula begeben, um die Arbeiten zur Indienststellung der Schiffe voranzutreiben. Das Linienschiff »Kaiser« war bereits am 26. März fahrbereit und verließ mit der »Elisabeth« Pula. Bedingt durch das stürmische Wetter in der Adria kamen die beiden Schiffe nur langsam voran. Die »Kaiser« erlitt zudem noch einen Maschinenschaden und mußte abgeschleppt werden. Am 4. April gingen die Schiffe in Korfu vor Anker, um tags darauf Richtung Gibraltar aufzubrechen. Infolge Unwetters mußte die »Kaiser« aber Algier ansteuern, um Havarien zu beheben und Kohlen zu bunkern. Die »Elisabeth« erreichte ohne Aufenthalt am 12. April Gibraltar, wo das Kanonenboot »Wall« bereits ankerte, um sich dem Geschwader anzuschließen. Eine Woche später ankerte die »Kaiser« ebenfalls in dem englischen Hafen. Die Panzerfregatte »Juan de Austria« und die Korvette »Friedrich« hatten am 5. April Pula verlassen und nahmen Kurs auf Malta. Wegen ungünstigen Wetters kamen sie erst am 20. April in Gibraltar an. Nachdem alle fünf Schiffe die Vorräte ergänzt hatten, verließ das Geschwader am 21. April den Hafen.

Als es Kap St. Vincent umrundet hatte, geriet es in schwere See mit Westsüdwestwind. Da die Luken und Geschützpforten der »Juan de Austria« nicht sicher verschlossen waren, nahm die Panzerfregatte viel Wasser über und mußte bald in den Wind drehen, um die See von vorne zu bekommen. Da man mit äußerster Kraft in die See hinauslief, kam das übrige Geschwader bald außer Sicht. Nachdem die Gefahr beseitigt war, konnte der alte Kurs wiederaufgenommen werden, und das Geschwader erreichte am 23. April Lissabon. Wüllerstorf erhielt aus Wien den Befehl, Tegetthoff zu folgen, der auftragsgemäß von Brest ausgelaufen war. Am 28. April verließen die »Elisabeth«, die »Kaiser« und die »Friedrich« Lissabon. Die »Juan de Austria« blieb zurück, um die erlittenen Schäden zu beheben. Die »Wall« blieb bei der Panzerfregatte. Bedingt durch starken Nordwind und schwere See mußte Wüllerstorf am 30. April Vigo anlaufen. Erst am 4. Mai konnte das Geschwader wieder in See gehen, da auf der »Kaiser« Brände (auf dem hölzernen Linienschiff war der Dampfkessel so ungünstig montiert, daß die Wände des Kesselraumes wiederholt Feuer fingen) im Kesselraum aufgetreten waren und die

Die »Schwarzenberg« auf der Reede vor Cuxhaven.
Deutlich erkennbar ist die für den gekappten Fockmast eingesetzte Marsstenge

Schäden behoben werden mußten. Am 4. Mai ging Wüllerstorf wieder in See, mußte aber wegen des schlechten Wetters Ferrol anlaufen und erreichte am 6. Mai Brest. Als am 9. Mai die beiden zurückgebliebenen Schiffe in Brest einliefen, war das Gros wieder komplett.
Am 10. Mai erhielt Wüllerstorf die Nachricht vom Gefecht bei Helgoland und ging sofort in See. Da die »Juan de Austria« noch mit der Kohlenübernahme beschäftigt war, sollte sie nachkommen. An Bord der österreichischen Schiffe herrschte allgemeine Enttäuschung darüber, daß man nicht rechtzeitig in Cuxhaven eingetroffen war, um an dem Gefecht teilzunehmen. Am 13. Mai erreichte das Geschwader Cherbourg und erhielt hier die Weisung, für die Dauer der Waffenruhe nach Den Helder zu gehen, wo man am 16. Mai eintraf. Tags darauf ankerte die »Seehund« ebenfalls vor Den Helder, die Ausbesserungsarbeiten in Sheerness waren beendet worden.

Während der Waffenruhe blieb die »Radetzky« in Cuxhaven. Die »Schwarzenberg« fuhr nach Bremerhaven und erhielt auf der Werft Tecklenborg als Ersatz für den verlorenen Fockmast eine Marsstenge eingesetzt. Außerdem wurde ein großer Teil der Takelage entfernt. Diese Wiederherstellungsarbeiten leitete der k. k. Schiffbaudirektor Romako. Er hatte die Fahrt in die Nordsee an Bord der »Juan de Austria« mitgemacht, diese in Cherbourg verlassen und war weiter nach Bremerhaven gereist. Nach der Ernennung Tegetthoffs zum Konteradmiral übernahm Linienschiffskapitän Freiherr Daublebsky von Sterneck und Ehrenstein (er wurde später Admiral und Marinekommandant) das Kommando über die Fregatte.
Da der »Preußische Adler« in Hamburg außer Dienst gestellt wurde, lief Tegetthoff am 23. Juni mit vier Schiffen aus Cuxhaven aus, um sich mit Wüllerstorf in Den Helder zu treffen. Starker Nordweststurm zwang aber die beiden preußischen Kanonenboote, in die Ems einzulaufen. Die »Radetzky« mußte nach Cuxhaven zurückgehen, und nur die »Schwarzenberg« erreichte trotz fehlender Takelage Den Helder.
Die Waffenstillstandsverhandlungen waren in London weitergeführt worden und wurden um 14 Tage, d. h. bis zum 26. Juni verlängert. Als am 27. Juni auch die »Radetzky« vor Den Helder eintraf, verfügte das Nordseegeschwader über eine Panzerfregatte (»Juan de Austria«), ein Linienschiff (»Kaiser«), zwei Fregatten (»Schwarzenberg« und »Radetzky«), eine Korvette (»Friedrich«), einen Raddampfer (»Elisabeth«) und zwei Kanonenboote (»Seehund« und »Wall«). Damit war die dänische Seeüberlegenheit zu Ende.
Nachdem die Preußen am 29. Juni Als erobert hatten, befürchtete man in Kopenhagen einen Vorstoß des Nordseegeschwaders in das Kattegat, eventuell auch eine Landung auf Fünen. Es wäre militärisch richtig gewesen, der Bedrohung durch einen Angriff entgegenzutreten. Auf diese Weise hätten auch die Nordfriesischen Inseln gesichert werden können, die ja immer noch von Hammer kontrolliert wurden.
Am 29. Juni verließ das Nordseegeschwader die Reede von Den Helder und ging in Richtung Kanal in See, weil dort angeblich Dänen gesichtet worden waren. Als um Mitternacht 14 Lichter in Sicht kamen und auch Signalverkehr beobachtet wurde, glaubte man den Feind vor sich zu haben, und es wurde klarschiff gemacht. Glücklicherweise erkannte man noch rechtzeitig, daß es sich um eine friedliche Fischerflottille handelte. Auf der weiteren Fahrt nach Cuxhaven wurde kein feindliches Schiff gesichtet. Am 30. Juni wurde abends vor Helgoland geankert, und am nächsten Tag trafen die acht österreichischen Kriegsschiffe mittags vor

Das österreichische Nordseegeschwader verläßt

die Reede vor Den Helder am 29. Juni 1864

Cuxhaven ein. Zur Beobachtung der Verbündeten lag im Hafen der englische Aviso »Salamis«. Als ein englischer Offizier in Zivilkleidung ein Telegramm aufgeben wollte, ließ ihn der Befehlshaber der hamburgischen Garnison in Ritzebüttel verhaften und veranlaßte ein Beförderungsverbot für das Telegramm.

DIE BESETZUNG DER NORDFRIESISCHEN INSELN

Genau zwei Monate nach dem Seegefecht von Helgoland, am 9. Juli 1864, lief das vereinigte österreichisch-preußische Nordseegeschwader aus Cuxhaven aus, wo man die sechswöchige Waffenruhe abgewartet hatte. Ohne das Kanonenboot »Seehund« nahm man Kurs auf Helgoland und dann nordwärts gegen die Küste von Jütland. Während des ganzen Tages kam kein feindliches Schiff in Sicht. Auch angehaltene Kauffahrteischiffe sagten übereinstimmend aus, daß keine dänischen Kriegsschiffe das Kattegat passiert hätten. Admiral Wüllerstorf ließ deshalb wenden und nahm Kurs Richtung Süden. Zwischen Sylt und Helgoland kam ihm die »Seehund« entgegen. An Bord befanden sich zwei österreichische Stabsoffiziere des Landheeres, um mit dem Admiral die Mitwirkung des Geschwaders an der geplanten Unternehmung gegen die Nordfriesischen Inseln zu besprechen. Am 11. Juli wurden die vorgesehenen Stellungen bezogen: Tegetthoff mit den beiden Fregatten »Schwarzenberg«, »Radetzky« und dem Raddampfer »Elisabeth« vor dem Schmal Tief, an der Südspitze von Amrum, die vier Kanonenboote vor dem Vortrapp Tief, an der Südspitze von Sylt, und Wüllerstorf, mit der »Kaiser«, der »Juan de Austria« und der »Friedrich« vor dem Lister Tief.
Da die Inseln und die ganze Westküste bisher vom Krieg wenig berührt waren, konnte Kapitänleutnant Hammer ziemlich ungestört die Verteidigung des ihm anvertrauten Inselgebietes vorbereiten. Der Kern seiner Verteidigungsbasis bildeten die Inseln Sylt, Amrum und Föhr. Sein Hauptstützpunkt war Wyk auf Föhr. Durch die Blockierung der drei Zufahrten nach Föhr und auch durch die Besetzung der Westküste von Schleswig war Hammer von allen Seiten eingeschlossen. Seine Truppe umfaßte 500 Mann, während das alliierte Geschwader von der Seeseite her fast 3000 Mann aufbieten konnte, und an der Westküste Schleswigs standen ihm ein steirisches Feldjägerbataillon und Windischgrätz-Dragoner mit insgesamt 800 Mann gegenüber.

Am 12. Juli versuchte man mit den leichten Booten nach Sylt überzusetzen, wurde jedoch von Hammers Geschützen vertrieben. Hammer zog sich weiter in das Lister Tief bis Föhr zurück, weil er von dort aus vom Festland ausgehende Übergangsversuche auf Sylt und Föhr besser bekämpfen konnte.
Die vier Kanonenboote waren längs der Westküste von Sylt nach Norden gefahren. Als sie den Hafen von List erreichten, war Hammer bereits verschwunden. Am 13. Juli gelang dann aber der Übergang, und Sylt wurde von den Österreichern besetzt.
Wüllerstorf war am 14. Juli mit seinen großen Schiffen wieder in Cuxhaven eingetroffen, um die Kohlenvorräte zu ergänzen. Die »Elisabeth« und die vier Kanonenboote blieben auf ihren Posten zurück. Am 17. Juli lief das Geschwader wieder aus, wobei einige Kohlenschiffe in Schlepp genommen wurden. In Cuxhaven wurde noch der Schraubendampfer »Düppel« gemietet und auf ihm die österreichische Kriegsflagge gehißt, um ihn für den Verkehr zwischen den Inseln und Halligen einzusetzen.
Als das Geschwader wieder vor dem Schmal Tief erschien, traf man die »Elisabeth« nicht mehr an. In der Nacht zuvor hatten die beiden Kanonenboote »Seehund« und »Wall« Feldjäger an Bord genommen und waren mit der »Blitz« von List aus in See gegangen. Die »Basilisk« blieb im Lister Tief. Die »Elisabeth« war südwestlich von Amrum auf die drei Kanonenboote gestoßen und dann mit diesen in die Norder Aue eingelaufen. Am 18. Juli wurden Amrum und Föhr von den Feldjägern und einer Matrosenabteilung in Besitz genommen.
Hammer hatte sich mit seinen Schiffen so weit in das Watt nordöstlich von Föhr zurückgezogen, daß sich ihnen die Kanonenboote nicht auf Schußentfernung nähern konnten. Das Nordseegeschwader war noch am 17. Juli nach Norden weitergefahren, und die Kohlenschiffe wurden in das Lister Tief gebracht. Vor dem Eintreffen wurde der Befehl erteilt, die Boote und Ausschiffungstruppen bereitzuhalten. Nachdem der ausgesandte Dampfer »Düppel« wieder aus dem Hafen List zurückgekehrt war, verließen die Schiffe die Insel und kehrten nach Cuxhaven zurück.
Am 19. Juli fuhr die »Blitz« in das Vortrapp Tief, um die Dänen von Westen her anzugreifen, und kam auch bis auf zwei bis drei Seemeilen an den Feind heran. In Anbetracht seiner aussichtslosen Lage entschloß sich Hammer zu kapitulieren und gab sich an Bord der »Blitz« gefangen. Am 20. Juli steuerte die dänische Flotille nach Süden und ergab sich dem österreichischen Seebefehlshaber Fregattenkapitän Kronowetter. Am selben Tag trat ein weiterer Waffenstillstand in Kraft.

Die österreichische Nordseeflotte

Don Juan d'Austria.

am 12. Juli 1864 vor Sylt

Wüllerstorf erhielt noch bedeutende Verstärkung, denn am 18. Juli trafen die Panzerfregatte »Kaiser Max« und der Raddampfer »Santa Lucia« in Cuxhaven ein. Das vereinigte Nordseegeschwader verfügte jetzt über ein Linienschiff, zwei Panzerfregatten, zwei Fregatten, eine Korvette, zwei Raddampfer und vier Kanonenboote, dazu noch einige Beuteschiffe.

Während der zehntägigen Waffenruhe ging die »Schwarzenberg« wieder ins Dock nach Bremerhaven, um einen neuen Fockmast einzusetzen. Am Ende der Waffenruhe, am 31. Juli, stand das Geschwader vollständig zum Kampf bereit. Die Friedensverhandlungen in Wien machten gute Fortschritte, und so kam es auch nicht mehr zu weiteren kriegerischen Auseinandersetzungen.

Da es in der Nordsee bis dato noch nie eine annähernd so starke deutsche Flottenabteilung gegeben hatte, war die Anwesenheit des mächtigen Nordseegeschwaders ein Ereignis allerersten Ranges. Die österreichischen Schiffe in Cuxhaven und Bremerhaven verzeichneten eine große Zahl Besucher aus ganz Deutschland.

Im Lauf des Monats August erhielt das Nordseegeschwader hohen Besuch. Am 20. hatte die »Elisabeth« Prinz Friedrich Karl von Preußen von Hamburg abgeholt. Der oberste Befehlshaber der alliierten Streitkräfte, der nach dem siegreichen Gefecht bei den Düppeler Schanzen am 18. April von Kaiser Franz Joseph I. das Kommandeurkreuz des Maria-theresienordens erhalten hatte und Inhaber des Husarenregiments Nr. 7 wurde, hatte die Uniform seines Regiments angelegt, als das Schiff in Cuxhaven festmachte. In seiner Begleitung befand sich auch FML von Gablenz, der Befehlshaber des k. k. österreichischen Armeekorps. Am Abend fuhr der Prinz mit der »Elisabeth« nach Sylt, während ein preußisches Kanonenboot Gablenz mit seinem Stab nach Hamburg zurückbrachte.

Am 31. traf Großadmiral Prinz Adalbert, der Schöpfer der modernen preußischen Flotte, in Cuxhaven ein, um die Schiffe zu besichtigen.

Anfang September fuhren die »Schwarzenberg«, die »Kaiser Max« und die »Friedrich« nach Bremerhaven und erhielten den Besuch des blinden Königs Georg V. von Hannover, der mit seinem Sohn und großem Gefolge erschien. Als die »Schwarzenberg« in Bremerhaven einlief, war der Jubel der Bevölkerung groß. Die Besatzungen erhielten zahlreiche Einladungen, und die Offiziere waren Gäste des Bremer Senats zum Festmahl im Ratskeller, an dem auch der ehemalige Handelsminister, Bürgermeister Duckwitz, teilnahm. Überhaupt hat Bremen den Österreichern

gefallen, denn Gesellschaft und Unterhaltung suchten sie in Bremen, da Bremerhaven und Geestemünde wenig Anregung boten.
Das Wirtschaftsleben der beiden Flecken Cuxhaven und Ritzebüttel war durch das hier ankernde Nordseegeschwader ordentlich in Schwung gekommen. Über 3000 Seesoldaten benötigten Verpflegung, und alle Handwerksbetriebe in nah und fern waren mit Instandsetzungsarbeiten an den Schiffen voll ausgelastet. Letztendlich profitierten alle Gewerbetreibenden von der zusätzlichen Kundschaft. Es ist überliefert, daß man sich noch viele Jahre lang an die »goldenen« Tage zufrieden erinnerte, als die Österreicher hier waren.

DER FRIEDENSVERTRAG

Am 26. Juli 1864 begannen die Friedensverhandlungen in Wien. Von dänischer Seite nahmen der Minister von Quaade und Oberst von Kauffmann, von preußischer Seite Außenminister von Bismarck und Freiherr von Werther und von österreichischer Seite Außenminister Graf Rechberg und Baron Brenner teil. Nach dreimonatigen Verhandlungen wurde am 30. Oktober 1864 der Friedensvertrag abgeschlossen. In ihm mußte der dänische König Christian IX. nicht nur auf seine Rechte in den Herzogtümern Schleswig, Holstein und Lauenburg zugunsten von Preußen und Österreich verzichten, sondern auch hohe Zahlungsverpflichtungen übernehmen. Bis auf drei preußische und eine österreichische Brigade räumten die alliierten Truppen die Herzogtümer. Bereits Anfang Oktober hatten einige österreichische Schiffe die Rückreise aus der Nordsee angetreten. Die »Radetzky«, die »Schwarzenberg« und die »Juan de Austria« erreichten nach Aufenthalten in Plymouth und Ferrol Cádiz, wo sich das Gros des Geschwaders gesammelt hatte. Am 3. November erhielt das Nordseegeschwader den Befehl, die Heimathäfen anzusteuern. Während die preußischen Schiffe in die Ostsee gingen, trafen bis Mitte Dezember 1864 alle österreichischen Schiffe wieder in Pula ein.
Als die Absicht Preußens, die Herzogtümer seinem Staatsverband anzugliedern, immer deutlicher wurde, reagierte Österreich entsprechend scharf. Anfang 1865 steigerten sich die Spannungen zwischen den beiden Großmächten derart, daß ein Krieg unvermeidlich schien. Jedoch gelang es durch den Abschluß der Gasteiner (Badgastein) Konvention am 14. August 1865, die Kriegsgefahr zu bannen und eine vorläufige Verwaltungsteilung der Herzogtümer zu vereinbaren. Danach wurde die Ausübung der gemeinsamen Rechte in Holstein durch Österreich und

Die Matrosen des österreichischen Kanonenbootes »Wall«

in Schleswig durch Preußen wahrgenommen. Lauenburg kam gegen Bezahlung an Preußen.
Trotz dieser Maßnahme verschlechterte sich das Verhältnis zwischen Preußen und Österreich, und es wurde bald deutlich, daß dieser Zustand nicht von langer Dauer sein würde.
Nachdem Preußen im April 1866 ein geheimes Angriffsbündnis mit Italien gegen Österreich abgeschlossen hatte, kam es, kaum zwei Jahre nach dem gemeinsam errungenen Sieg, zum Krieg um die Vorherrschaft in Deutschland. In ihm standen sich Preußen mit den kleineren norddeutschen Staaten und Österreich mit Bayern, Württemberg, Hannover, Sachsen, Baden, Kurhessen, Hessen-Darmstadt, Nassau u. a. als Gegner gegenüber. Der Krieg endete mit einer vernichtenden Niederlage der Österreicher unter Benedek in der Schlacht bei Königgrätz am 3. Juli 1866.

Die Segelflicker des österreichischen Kanonenbootes »Wall« vor Föhr

WAS HEUTE NOCH AN DAS SEEGEFECHT BEI HELGOLAND ERINNERT

Ein Erinnerungsstück von besonderem Wert befindet sich in Ebeltoft bei Aarhus in Jütland. Es handelt sich dabei um Kommodore Suensons Flaggschiff, die Fregatte »Jylland«, die 1908 ausgemustert wurde und nach vielen Irrfahrten seit 1960 hier vor Anker liegt und als Museumsschiff der Nachwelt erhalten bleiben soll.

An der deutschen Nordseeküste findet man heute noch interessante Zeugnisse des damaligen Geschehens.

Beeindruckend ist das obeliskartige Grabdenkmal auf dem Martinsfriedhof in Cuxhaven-Ritzebüttel, das inmitten der Gefallenengräber am 9. Mai 1866 eingeweiht wurde. Entworfen wurde es von dem Ham-

burger Architekten Martin Haller, der auch der Erbauer des Hamburger Rathauses ist. Auf den drei Seiten des Obelisken sind die Namen der 50 Gefallenen, nach den beiden Schiffen »Schwarzenberg« (44 Tote) und »Radetzky« (6 Tote) und militärischem Rang geordnet, aufgeführt.
Das Monument wird durch Steinpfeiler und Schiffsketten begrenzt. Die Kugeln auf den Pfeilern und die Ketten stammen von der »Schwarzenberg«. Die Inschrift enthält die Widmung: »Den am Bord der österreichischen Fregatten Schwarzenberg und Radetzky in tapferer Pflichterfüllung gefallenen Waffenbrüdern. Das kais. koenigl. Nordsee-Geschwader.« Verschiedene Verzierungen weisen auf die Habsburgermonarchie und auf die k. k. Kriegsmarine hin. Von Ornamenten eingerahmt steht der Ort und Tag des Gefechtes, Helgoland 9. Mai 1864, und der Wahlspruch Kaiser Franz Josephs I.: Viribus unitis (mit vereinten Kräften). Bei dem auf der Spitze des Obelisken thronenden Doppeladler handelt es sich nicht mehr um das Original, sondern um eine Nachbildung. Folgendes hatte sich ereignet: Zum 100. Gedenktag des Seegefechtes bei Helgoland, am 9. Mai 1964, wurde das Denkmal restauriert und der Doppeladler mit Goldfarbe bestrichen. Im Jahre 1975 wurde er gestohlen und ist seitdem spurlos verschwunden.
Auf dem Begräbnisplatz befindet sich auch ein eisernes Grabkreuz mit folgender Inschrift: Johann Kleinert, k. k. Hauptmann-Auditor, gefallen am 9. Mai 1864. Für Kleinert, dem auf der Fregatte »Schwarzenberg« eine dänische Kugel die Hüfte zerschmettert hatte, gab es keine Rettung. Zur Linderung seiner Schmerzen wurde er in eine mit Wasser gefüllte Balje gesetzt – das letzte, was seine Kameraden für ihn tun konnten.
Gleich neben dem Grabkreuz steht ein Grabstein zu Ehren des 20jährigen Seekadetten Julius Bielsky, der auf der Fregatte »Radetzky« getötet wurde. Eine kuriose Geschichte verbindet sich mit einem Erinnerungsstück, das sich in Cuxhaven, im Ortsteil Duhnen, befindet.
Als nach dem Seegefecht der Donner der Kanonen verhallte, spähten die Menschen an der Küste über das Meer und hofften »auf einen gesegneten Strand«. Nach und nach wurden Holzstücke, Kleiderfetzen und Teile der Takelage angetrieben, und ein Bauer aus Duhnen fischte einen Balken aus dem Meer. Später stellte sich heraus, daß es sich um eine angekohlte Stenge der Fregatte »Schwarzenberg« handelte, die der Bauer zum Hausbau verwendete.
Im Jahre 1910 brannte das Bauernhaus ab. Aus den Trümmern wurde die Stenge geborgen. Als man sie für den Neuaufbau des Hauses zurechtzimmerte, fiel den Bauleuten eine Eisenkugel entgegen. Sie hatte sich in das Holz derart verkapselt, daß man sie bislang nicht entdeckt hatte.

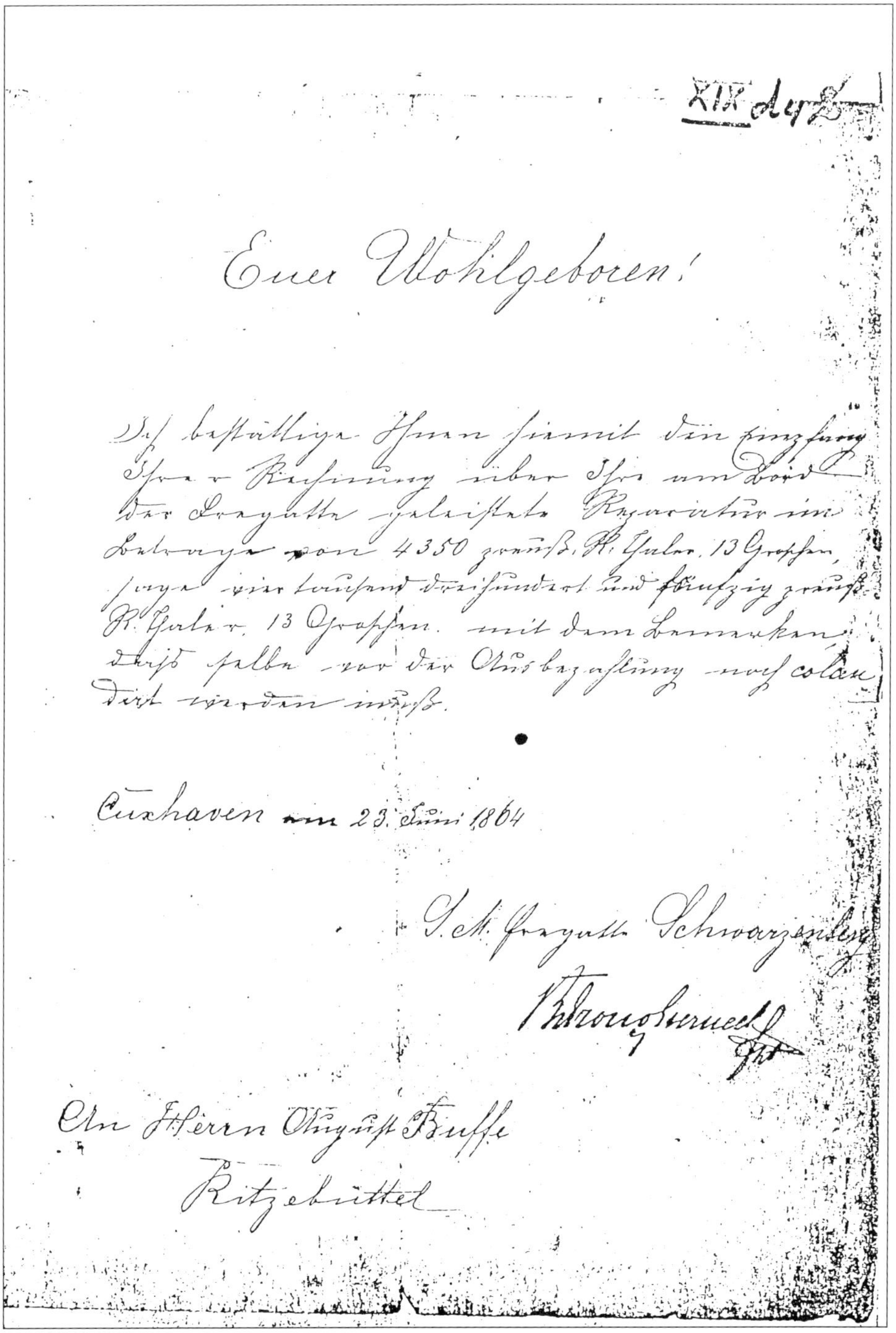

XIV

Euer Wohlgeboren!

Ich bestättige Ihnen hiermit den Empfang Ihrer Rechnung über Ihre am Bord der Fregatte geleistete Reparatur im Betrage von 4350 preuß. R. Thaler 13 Groschen, sage vier tausend dreihundert und fünfzig preuß. R. Thaler 13 Groschen mit dem Bemerken daß selbe vor der Ausbezahlung noch colaudirt werden muß.

Cuxhaven am 23. Juni 1864

S. M. Fregatte Schwarzenberg

v. Sterneck

An Herrn August Buffe
Ritzebüttel

Der neue Kommandant der »Schwarzenberg«, Linienschiffskapitän Daublesky von Sterneck und Ehrenstein, bestätigt den Empfang einer Rechnung über 4350 preußische Taler von Herrn A. Buffe aus Ritzebüttel

Zur Erinnerung an das Seegefecht ließ der Bauherr die dänische Kugel am Giebel seines Hauses einmauern. Eine Tafel mit der Inschrift »Fregatte Schwarzenberg« am Haus Sahlenburger Weg erinnert auf diese Weise an das Seegefecht bei Helgoland.
Den im Altonaer Lazarett verstorbenen Marinesoldaten (sie wurden in Cuxhaven-Ritzebüttel beigesetzt) wurde ebenfalls ein Denkmal gesetzt. Die Anteilnahme der Bevölkerung am Schicksal der gefallenen und verwundeten Österreicher war so groß, daß sich in Hamburg und Altona ein »Comité für die Opfer des Seekrieges« bildete und Gelder für ein öffentliches Kriegerdenkmal gesammelt wurden. Bereits am 26. Oktober 1865 konnte das von Martin Haller entworfene Monument eingeweiht werden. Das mehrfach versetzte Denkmal steht seit 1958 in den Elbanlagen an der Palmaille. Kaiserkrone und Wappen an der Sandsteinstele weisen auf die österreichische Monarchie und Anker, Tauwerk und Kanonen auf die Kriegsmarine hin. Von Ornamenten eingerahmt steht der Ort und Tag des Gefechtes: »Helgoland, 9. Mai 1864«.
In der Sammlung des Altonaer Museums befindet sich eine kolorierte Lithographie »Seegefecht bei Helgoland 1864«. Die Darstellung zeigt die »Schwarzenberg« mit brennendem Vormarssegel.
Im berühmten Deutschen Schiffahrtsmuseum in Bremerhaven nehmen ein Ölgemälde des dänischen Marinemalers C. Neumann sowie mehrere Schwarzweißfotos Bezug auf das Seegefecht. Im Rathaus der Gemeinde Helgoland befindet sich ein Ölgemälde des dänischen Marinemalers Anton Melbye. Beide Gemälde zeigen die Gefechtssituation mit dem brennenden Fockmast der Fregatte »Schwarzenberg«.
Anläßlich des Dritten Internationalen Seefahrer-Kongresses (Internationale Seefahrer-Föderation – ISF) im Jahre 1986 enthüllte die Marinekameradschaft »Tegetthoff« aus Graz auf dem »Friedhof der Namenlosen« auf der Helgoländer Düne eine Gedenktafel mit folgendem Wortlaut: »Zum Gedenken an die Toten, die in der Seeschlacht vor Helgoland, die am 9. Mai 1864 zwischen Österreich/Preußen unter der Führung von Admiral v. Tegetthoff und Dänemark geführt wurde, ihr Leben ließen.«

WAS HEUTE NOCH AN DEN KRIEG IM KREIS SCHLESWIG ERINNERT

Wer den Weg der damaligen Kampfhandlungen verfolgt, findet eine bedeutende Anzahl von Gräbern und Denkmälern überwiegend österreichischer Soldaten, die im Jahre 1864 im Kreis Schleswig den Tod fanden. Diese Kriegsgräber und außergewöhnlichen Gedenkstätten sind Zeugen eines militärischen Ereignisses und historische Stätten von europäischer Bedeutung.

Die Gräber befinden sich auch heute noch an jener Stelle, wo die tödliche Kugel den Soldaten getroffen hatte oder wo die Soldaten auf dem Verbandsplatz und im Lazarett ihren Wunden erlegen sind. Die österreichischen Soldaten ruhen allein oder haben mit mehreren Kameraden und auch mit dänischen Soldaten auf demselben Platz eine letzte Ruhestätte gefunden.

Die Gräber und Denkmäler im Kreis Schleswig-Flensburg befinden sich in einem vorbildlichen Zustand. Die Pflege der Kriegsgräber und Denkmäler wird vom Kreis Schleswig-Flensburg, von der »Idstedt-Stiftung« in Schleswig, dem »Stammkomitee von 1864 e. V.« in Flensburg und von privater deutscher und dänischer Seite übernommen. Die »Idstedt-Stiftung«, die die Pflege der Kriegsgräber von 1848/51 als satzungsmäßige Aufgabe übernommen hat, betreut auch Kriegsgräber von 1864. Das »Stammkomitee von 1864 e. V.« pflegt die Gräber und Denkmäler von Oeversee und Umgebung.

GEMEINDE JAGEL

In der Ortsmitte an der Kreuzung Dorfstraße ein mit drei Kanonenkugeln gekrönter Findling:

ZUR
ERINNERUNG
AN D. 3. 2. 1864
JAGEL
D. 3. 2. 1914

Vom Findling die Dorfstraße in südlicher Richtung, dann links Feldweg »Am Südhang«, beim Bauernhof Ehrenreich am Wiesenrand ein schwarzes Eisenkreuz umgeben von einem Jägerzaun. Auf der Vorderseite des Kreuzes:

HIER

RUHEN

12 TAPFERE OESTERREICHISCHE KRIEGER

Auf der Rückseite des Kreuzes:

GEFALLEN IM GEFECHT BEI JAGEL D. 3. FEBR. 1864

SANFT RUHE IHRE ASCHE!

Vor dem Haus Nr. 23 an der Bundesstraße 76 vor einer Garageneinfahrt ein schwarzes Eisenkreuz:

HIER

RUHEN

3 TAPFERE DÄNISCHE KRIEGER

GEFALLEN IM GEFECHT BEI JAGEL D. 3. FEBR. 1864

SANFT RUHE IHRE ASCHE!

Auf der Straße von Jagel nach Selk. Nach dem Bahnübergang ca. 500 Meter rechts Richtung Lottorf. Ca. 250 Meter links ein Feldweg. Am Ende dieser Feldzufahrt ein Feldstein:

HIER RUHT

EIN KAISERLICH

ÖSTERREICHISCHER

KRIEGER

GEFALLEN AM 3. FEBR.

1864

GEMEINDE SELK

In Oberselk im Garten eines Hauses in der Straße »Matzenberg« eine gemeinsame Grabstätte dänischer und österreichischer Soldaten. Auf einem Findling (deutsche Übersetzung):

HIER RUHEN
4 DÄNISCHE SOLDATEN
DES 1. INFANTERIE-REGIMENTS
GEFALLEN IM KAMPF FÜR DAS VATERLAND
AM 3. FEBRUAR 1864
FRIEDE SEI MIT IHRER ASCHE.

Dahinter befindet sich ein schwarzes Eisenkreuz:

DENKMAL
GEWIDMET OESTERREICH'S SÖHNE
DEM HELDENTOD ERLEGEN FÜR SCHLESWIG-HOLSTEIN
AM 3. FEBR. 1864

Hier liegen 50 bei Jagel und Oberselk gefallene Österreicher begraben.

Am Ortsausgang an der Straße Brekendorf–Busdorf, an einem Feldweg nach ca. 20 Meter am Feldrand unter einer Eiche Findling mit eingelegter Marmorplatte:

UNTERJÄGER
CARL FISCHER
3. COMP. 18. ÖST. FELDJÄGERBATAILLON
GEB. IN PRAG 3. NOV. 1841
GEST. 3. FEBR. 1864

Den Feldweg ca. 50 Meter weiter ein Findling mit eingelegter Gußplatte (deutsche Übersetzung):

HIER RUHT
DER VERGOLDER NIELS CHRISTENSEN
SOLDAT NR. 505 IM
1. INFANTERIE-REGIMENT, 5. KOMPANIE
GEBOREN 1837 IN SIGERSHOLM.
ER FIEL HIER AM 3. FEBR. 1864
FRIEDE SEI MIT SEINER ASCHE.

Auf der Straße nach Busdorf, kurz nach der Abzweigung zum Dannewerk, der 42 Meter hohe Königshügel mit einem 2,4 Meter breiten Steindenkmal in Rechteckform. Mit dem Denkmal werden 76 Soldaten der k. k. österreichischen Armee geehrt, davon werden 15 Offiziere namentlich genannt. Der Doppeladler und die Inschriften an der Vorder- und Rückseite sind von einem Eichenkranz umgeben.

Vorderseite Mitte:
ÖSTERREICHISCHER DOPPELADLER
MIT DEN INSIGNIEN FJ (FRANZ JOSEPH)

Vorderseite links:
XVIII
FELD-JÄGER BATAILLON:
OBLTS: THEOD. SCHLEMMER
KARL BAYER, R. V. MÖRTHAL
UND FRANZ WANKA
UNTLTS: J. REYL, A. SCHURCH
XVI MANN

Vorderseite rechts:
XXXIV
INFT. REGIMENT
MAJOR JOS. EDL. V. STANSKY
UNTLTS: HUGO BRAUN
UND ALFRED
EDLER VON KRAJATZ
XXI MANN

Rückseite Mitte:
DEN TAPFEREN GEFÄHRTEN
SEI DIESER KRANZ GEWUNDEN,
DIE HIER IN FREMDER ERDE
IHR KALTES GRAB GEFUNDEN.
DEN BRAVEN KAMERADEN
VOLL HOHEM HELDENMUTH,
DIE UNSERN SIEG ERKAUFTEN
MIT IHREM HERZENSBLUT.
HEIMWÄRTS NACH ÖSTREICHS GAUEN
SCHWEBT AUF DES RUHMES FLÜGEL
DER NAME ALL DER HELDEN
VOM GRAB AM KÖNIGSHÜGEL.

Rückseite links:

XXX

INFT. REGIMENT

MAJOR LUDWIG STAMPFER

HAUPTM. ANDREAS DOLLIAK

HAUPTM. KARL KOPETZKY

OBLT. GERHARD KROLIKIEWICZ

Rückseite rechts:

XXX

INFT. REGIMENT

UNTLT. ERNST BATTLOGG

UNTLT. LEOPOLD DINGER

UNTLT. ELIAS BADOVINAC ZUGETH. VOM IV. G. RGT

XXIV MANN

Schmale Seite links:

DIE K. K. BRIGADE GM GRAF GONDRECOURT:

XVIII FELD-JÄGER BATAILLON

XXX INFT. RGMT. FML BARON MARTIN

XXXIV INFT. RGMT. KÖNIG W. I. VON PREUSSEN

II ESK. FÜRST LIECHTENSTEIN HUSZAREN NIX.

IV PF. BATT. NII DES I. ART. RGMTS. KAISER FJ

I ZUG DER I SANITÄTS-COMPAGNIE

Schmale Seite rechts:

IHREN

BEI OBER-SELK, JAGEL,

AM KÖNIGSBERG

UND BEI WEDELSPANG

AM III FEBRUAR

MDCCCLXIV

GEFALLENEN WAFFENGEFÄHRTEN.

AMT HADDEBY

Auf dem Friedhof an der Kirche ein schwarzes Eisenkreuz mit dem Danebrog:

OVER
36 DANSKE SOLDATER
AF 1, 9, 11 OG 20 RGMT.
FALDEN PAA KONGEHØI OG DANEVIRKE
DEN 3. FEBRUAR 1864

ÜBER
36 DÄNISCHE SOLDATEN
DES 1., 9., 11. UND 20. REGIMENTS
GEFALLEN AM KÖNIGSHÜGEL UND DANNEWERK
AM 3. FEBRUAR 1864

Hinter dem Eisenkreuz ein Ehrenmal:

DEN
K. K. OESTR.
KRIEGERN
DIE AM
3. UND 4. FEBRUAR
1864
IM KAMPF VOR
SCHLESWIG
FIELEN
GEWIDMET VON
IHREN WAFFENBRÜDERN

Auf dem Grabfeld von 1848/51 ein kleiner Findling:

JÄGER
LORENZ TREBENSCHEY
6. COMP. DES 9. FELDJÄGER-BATT.
GEB. IN LICHTENEG STEIERMARK
GEF. BEI KLOSTERKRUG AM 3. FEBRUAR 1864

STADT SCHLESWIG

Auf dem alten Militärfriedhof an der Flensburgerstraße eine im neugotischen Stil errichtete Gedächtniskapelle. Sie wurde am 1. Oktober 1869 in Anwesenheit von Graf Heinrich Attems-Petzenstein eingeweiht, der 1864 Lazarettkommandant war. Auf der marmornen Gedenktafel unter dem kaiserlichen Doppeladler:

OESTERREICH
EHRET DAS
ANDENKEN
SEINER TAPFEREN SÖHNE
AUS DEN REIHEN DES
KAISERLICHEN HEERES
WELCHE 1864
GEGEN DÄNEMARK GEKÄMPFT
UND FÜR EUCH SCHLESWIGER
GEBLUTET HABEN.
SIE ERLAGEN IHREN WUNDEN IN DIESER
STADT UND LIEGEN UNTER DIESER
ERDE.

Auf der Gedenktafel befinden sich insgesamt 76 Namen von österreichischen Soldaten. Auf der rechten Namensliste: Auch der Feinde gedenket, die unglücklich aber tapfer im Dienste Ihres Königs gekämpft und geblutet haben. Dann folgen 35 Namen von verstorbenen dänischen Soldaten.

Links von der Gedächtniskapelle Gedenkstein für dänische Soldaten (deutsche Übersetzung):

ERRICHTET
ZUM ANDENKEN
AN DIE DÄNISCHEN KRIEGER
DIE 1864 FÜR DAS VATERLAND
FIELEN ODER IM LAZARETT
GESTORBEN SIND UND HIER RUHEN.

Hinter der Gedächtniskapelle eine Grabstätte für drei österreichische Offiziere des 27. Infanterieregiments König der Belgier. Auf einem quadratischen Sockel Christus am Kreuz. Zu beiden Seiten wuchtige Grabsteine für Leopold Barmann und August Rödel.

Am Sockel eine eingelegte Marmorplatte:

HIER RUHET SELIG IN DEM
HERRN ENTSCHLAFEN
ERNST ENTNER
K. K. ÖSTR. MAJOR DES 27. INF. REG.
»KÖNIG DER BELGIER«
GEB. ZU EHRENHAUSEN. STEIERMARK
D. 25. DEZBR. 1824
GEST. IN FOLGE DER IM GEFECHT BEI
OEVERSEE AM 6. FEBR. 1864
ERHALTENEN WUNDE D. 25. MÄRZ 1864
FRIEDE SEINER ASCHE.

GEMEINDE BRODERSBY

Auf dem Friedhof bei der Kirche vier Eisenkreuze innerhalb der Grabanlage von 1848/51 für dänische und preußische Soldaten:

HIER
RUHEN
9 PREUSSISCHE SOLDATEN VOM 7. BRANDENBURGISCHEN
INFANTERIE REGIMENT NR. 60, GEFALLEN IM GEFECHT
BEI MISSUNDE, AM 2. FEBR. 1864

GEMEINDE HELLIGBEK

Im Garten eines Bauernhofes an der alten Landstraße Richtung Flensburg ein Stein:

HIER RUHT
DER WACHTMEISTER
STROHMEYR
VOM K. K. OESTR. LICHTENST. HUS. REG.
SIEGEND FIEL ER FÜR SCHLESWIG-HOLSTEINS
FREIHEIT
AM 6. FEBR. 1864

GEMEINDE SÜDERSCHMEDEBY

An der alten Landstraße Richtung Flensburg am nördlichen Ortsausgang an der Zufahrt eines Bauernhofes mit Gliederketten umfaßtes Grab. Grabstein mit eingelegter Marmorplatte:

HIER RUHET
JOSEPH ECIELSKY
ÖSTERREICHISCHER KORPORAL
BEIM K. K. 9. HUSAREN REG.
3. ESK. GEFALLEN BEI
SÜDERSCHMEDEBY
AM 6. FEBR. 1864

AMT OEVERSEE

An der Bundesstraße 76 vor dem Hotel-Restaurant »Historischer Krug« Grabstätte mit drei Steinen.

Stein links (deutsche Übersetzung):
IN DIESEM GRAB RUHT
SEKONDELEUTNANT
DES 1. INF-REGIMENTS,
1. KOMPANIE
BARON DIRCKNICK-HOLMFELD
GEFALLEN BEI SANKELMARK
AM 6. FEBR. 1864

Stein Mitte:
HIER RUHEN
68
TAPFERE
ÖSTERREICHISCHE
UND DÄNISCHE
KRIEGER
SIE FIELEN
AM 6. 2. 1864

Stein rechts:

HIER RUHET
EIN OESTERREICHISCHER
KRIEGER
SIEGEND GEFALLEN
AM 6. FEBR. 1864

Der »Historische Krug«, der als Oeverseekrug 1864 den Österreichern als Lazarett diente, hat diesen Namen nach dem Gefecht bei Oeversee erhalten. Die damaligen Wirtsleute, die Urgroßeltern der jetzigen Besitzer, erhielten für ihr humanitäres Verhalten von Kaiser Franz Joseph das Kriegsverdienstkreuz in Gold verliehen.

Das Restaurant gleicht einem Museum. Die mit Bildern, Waffen, Helmen etc. ausgestatteten Räume sind eindrucksvolle Zeugnisse des damaligen Geschehens.

Auf dem Friedhof bei der Kirche unter einer Esche das »Offiziers-Denkmal«. Der mit vier Kanonenkugeln gekrönte Obelisk wurde 1864 eingeweiht:

VOM K. K. 9. FELD-JÄGER BATAILLON
DIE HERRN OBERLIEUTENANTS:
BARON
LA MOTTE V. FRINTRAPP,
FRIED. RITTER LAIML V. DEDINA,
RITTER DES K. K. ÖSTERR. LEOPOLD ORD.
MIT KRIEGS-DECORATION.
JOHANN HEROLD U. 47 MANN

VOM INF. REGIMENT KÖNIG DER BELGIER
NO. 27
MAJOR ERNEST ENTNER
RIT. D. K. K. ORD. DER EISERNEN KRONE 3. KL.
MIT DER K. D. BES. D. MILT. VERDIENSTKRZ. K. D.
OBERLIEUTENANT: ERNEST PFLEGER
BESITZER DES MILITÄR-VERDIENSTKRZ. K. D.

KARL FREIHERR PROKESCH-OSTEN
RIT. D. K. K. ORD. DER EISERNEN KRONE 3. KL.
K. D. OTOMANISCHEN MEDSCHIDIE ORDENS 4. KL.
LIEUTENANTS:
LUDWIG RITTER V. U. ZU HAYDEGG
BES. D. MILIT. VERDKRZ. K. D.
EUGEN REHM, LEOPOLD BARMANN
MILIT. VERDKRZ. K. D. TAPFERKEITS MED. II. CL.
AUGUST RÖDL
TAPF. MEDAILLE I. CL. U. 76 MANN
DIE OFFICIERE DES K. K. ÖSTERREICHISCHEN
9. FELDJÄGER-BATAILLONS UND DES INFANTERIE-REGIMENTS
KÖNIG DER BELGIER NO. 27
IHREN IM TREFFEN BEI OEVERSEE AM 6. FEBR. 1864
HELDENMÜTHIG GEFALLENEN WAFFENBRÜDERN.

An der Bundesstraße 76 Richtung Flensburg in Höhe des Sankelmarker Sees Parkplatz an der rechten Straßenseite. Oberhalb des Parkplatzes das »Österreicher-Denkmal«. Ein aus Feldsteinen gemauerter Hügel, gekrönt durch ein Kreuz. Umgeben von zwölf eingegrabenen Kanonenrohren, die miteinander durch Gliederketten verbunden sind.
Tafel auf der Vorderseite des Denkmals:

SIEGEND FANDEN SIE
IM KAMPFE HIER
DEN HELDENTOD
AM 6. FEBRUAR 1864
DEN TAPFEREN WAFFENGEFÄHRTEN
DAS K. K. ÖSTERREICHISCHE
6. ARMEE-CORPS.

Tafel auf der Rückseite des Denkmals:

VERZEICHNIS
DER IM GEFECHTE BEI OEVERSEE AM 6. FEBR. 1864
GEFALLENEN K. K. MILITAIRS

Truppenkörper	Namen der gefallenen Offiziere	Zahl der gefallenen Soldaten
9. Feldjäger Bataillon	Oberlieut. Karl Freiherr La Motte von Frintrapp Oberlieut. Friedrich Ritter Laiml von Dedina Lieutenant Johann Herold	29
Infanterie Regiment König der Belgier No. 27	Oberlieut. Ernst Pfleger Oberlieut. Karl Freiherr Prokesch-Osten Lieutenant Ludwig von und zu Haydegg Lieutenant Eugen Rehm	29
Infanterie Regiment Großherzog von Hessen		2
Husaren-Regiment Fürst Lichtenstein No. 9		8

Auf der westlichen Seite der Bundesstraße 76 schräg gegenüber vom »Österreicher-Denkmal« das 1899 errichtete »Dänen-Denkmal«. Ein quadratischer Sockel mit obeliskartigem Aufbau und umkränztem Kreuz auf der Spitze:

OPFÖRT TIL MINDE OM
TAPPRE DANSKE SOLDATER,
SOM I KAMP MOD OVERMAGTEN
HER FANDT HELTEDØDEN
FOR KONGE OG FAEDRELAND.
(ERRICHTET ZUR ERINNERUNG AN
TAPFERE DÄNISCHE SOLDATEN,
DIE IM KAMPF GEGEN EINE ÜBERMACHT
HIER DEN HELDENTOD FANDEN
FÜR KÖNIG UND VATERLAND.)

An dem Sockel die Inschrift:

1864
6TE
FEBRUAR

Auf der nach Süden zugewandten Tafel:

EIN EHRENDES ANDENKEN
SEI AUCH
DEN TAPFERN ÖSTERREICHISCHEN
SOLDATEN GEWEIHT,
WELCHE FERN VOM VATERLANDE
KÄMPFEND
HIER AUF DEM SCHLACHTFELDE
IHR LEBEN LIESSEN.

Auf der Bundesstraße 76 Richtung Flensburg ca. 200 Meter nördlich des Restaurants »Seeblick« das »Denkmal am Walde«. Das in Form eines gotischen Tabernakels gehaltene Denkmal wurde am 6. Februar 1870 durch das »Stammkomitee von 1864« errichtet:

HIER
RUHEN
43 ÖSTERREICHER
UND
14 DÄNEN
6. FEBR.
1864
MÖGEN IN FRIEDEN SIE RUHEN,
DIE SIEGEND IM KAMPFE ERLAGEN
OESTERREICH SANDTE SIE HER
UNSRE BEFREIER ZU SEIN
OEVERSEE'S FELD SAH DEUTSCHE
UND DÄNEN IM HEISSESTEN KAMPFE.
WAS SICH IM LEBEN BEKÄMPFTE,
RUHET JETZT FRIEDLICH VEREINT.

FLENSBURG

Auf dem Alten Friedhof, dem St.-Marien-Kirchhof, inmitten der Gräber und Denkmäler

Grabplatte:

FÜHRER
STEFAN
HOLZINGER
GEF. B. SANKELMARCK
D. 6. FEB. 1864

Gedenkstein:

DEN SIEGREICH
GEFALLENEN
ÖSTERREICHISCHEN KRIEGERN
OEVERSEE, 6. FEBR. 1864

Eine bemerkenswerte Institution ist das »Stammkomitee von 1864 e. V.«. Es wurde als »Schleswig-Holsteinisches Hülfskomitee« von fünf Mitgliedern am 10. Februar 1864 in Flensburg gegründet mit dem Ziel, den verwundeten und kranken Soldaten in den Lazaretten zu helfen.
Als die am 6. Februar zurückströmenden dänischen Soldaten von den vielen Verwundeten berichteten, die ohne ausreichende Versorgung auf dem Schlachtfeld bei Oeversee lägen, ergriffen Flensburger Bürger die Initiative. Sie organisierten Pferdewagen, beluden sie mit Decken und Verbandsmaterial und fuhren nach Oeversee, um Erste Hilfe zu leisten.
Bereits ein Jahr später zogen die Flensburger Bürger wieder nach Oeversee, um jetzt die Gräber der Gefallenen zu schmücken. Seit dieser Zeit marschieren an jedem 6. Februar Hunderte Menschen aus Flensburg und Umgebung nach dem zehn Kilometer entfernten Oeversee. Dieser sogenannte »Marsch nach Oeversee« vollzieht sich heute in gelockerter Form und ist – streng genommen – auch nicht mehr als Marsch zu bezeichnen.
Der »Marsch nach Oversee« wird alljährlich vom »Stammkomitee von 1864 e. V.« (nur fünf Mitglieder) organisiert, um der Toten von 1864 zu gedenken.
Am »Offiziers-Denkmal« auf dem Friedhof Oeversee und an der Gedenkstätte neben dem Historischen Krug werden Kränze niedergelegt. Nach einer Rast im Krug von Bilschau erfolgt am »Denkmal am Walde« die Kranzniederlegung für die österreichischen Traditionsverbände, und am »Dänen-Denkmal« werden die dänischen Gefallenen geehrt. Der Abschluß der beeindruckenden Veranstaltung findet am fahnengeschmückten »Österreicher-Denkmal« statt. Neben den Fahnen der Bundesrepublik Deutschland, des Landes Schleswig-Holstein und dem Rot-Weiß-Rot der Republik Österreich sieht man auch das preußische »Schwarz-Weiß« und das habsburgische »Schwarz-Gelb«. Nach der traditionellen Rede einer Persönlichkeit des öffentlichen Lebens werden Kränze niedergelegt. Seit einigen Jahren ehrt auch die Bundeswehr diese historische Stätte durch eine Kranzniederlegung. Mit dem Schleswig-Holstein-Lied von 1844 endet die eindrucksvolle Feier.
Dr. Rossen, der Vorsitzende des »Stammkomitees von 1864 e. V.« bemerkt in seinem Aufsatz »Eine einzigartige Institution« u. a.: »Es muß deutlich gemacht werden, daß das heutige Gedenken an Oeversee eben jener humanitären Tat Flensburger Bürger entspringt, und es sich keineswegs um eine Siegesfeier handelt, wie Böswillige oder Unwissende gelegentlich behaupten.«

Zu Ehren des Herzogs Wilhelm von Württemberg, Oberst des 27. Infanterieregiments König der Belgier, des Grazer »Hausregiments«, wurde am 8. Juni 1907 am Marburger Kai in Graz sein Denkmal enthüllt. Anwesend waren Angehörige des württembergischen Königshauses und anderer deutscher Fürstenhäuser, Abordnungen des k. württembergischen Armeekorps, Erzherzog Ferdinand in Vertretung Kaiser Franz Josephs und der Chef des k. u. k. Generalstabes Conrad von Hötzendorf.
Wilhelm Herzog von Württemberg, geboren am 20. Juli 1828 in Karlsruhe/Schlesien, war der Sohn aus der zweiten Ehe des Herzogs Eugen von Württemberg mit der Prinzessin Helene von Hohenlohe-Langenburg.
Nach dem deutsch-dänischen Krieg wurde er Feldmarschalleutnant, Militärkommandant in Triest, Feldzeugmeister, kommandierender General in Lemberg und Korpskommandant in Graz. Nach dem Tod von König Karl von Württemberg verließ Herzog Wilhelm das österreichische Heer und wurde württembergischer General der Infanterie. Er starb am 6. November 1896 in Meran. Am Württemberg-Denkmal findet an jedem 6. Februar eine Gedenkfeier statt.
In der Weihehalle der Grazer Garnisonskirche, der Barmherzigenkirche, befindet sich eine Gedenktafel des k. u. k. Infanterie-Regiments Nr. 27 König der Belgier (1682–1918) mit den Namen der in Graz ansässigen Traditionsnachfolger sowie eine Gedenktafel des k. u. k. steirischen Feldjägerbataillons Nr. 9 (1808–1918). Traditionsnachfolger des 14. Infanterieregiments Großherzog von Hessen (1733–1918) ist das in Oberösterreich stationierte Panzer-Bataillon 14.
In der Grazer Oeverseegasse (es gibt auch Oeverseegassen in Hamburg und Wien) wurde 1902 ein Gymnasium errichtet. Das heutige Bundes-Realgymnasium wird, wie seine Vorgängerinnen, Oeversee-Gymnasium genannt. Die Absolventen der Schule treffen sich in der »Vereinigung ehemaliger Oeversee-Schüler«.

Das von A. Melbye geschaffene Gemälde des Seegefechts bei Helgoland

befindet sich im Sitzungssaal des Rathauses der Gemeinde Helgoland

ERKLÄRUNG
DER SEEMÄNNISCHEN BEGRIFFE

abfallen	vom Wind wegdrehen, so daß der Wind mehr von achtern einfällt
achteraus	nach hinten
achterlich	von hinten, hinten befindlich
achtern	hinten
aufbringen	(einer Prise) gewaltsame Übernahme eines feindlichen Schiffes
Backbord	in Richtung Vorsteven gesehen, die linke Schiffsseite
Balje	flache Wanne aus Holz
Breitseite	gleichzeitiges Feuern aller auf einer Schiffsseite befindlichen Geschütze
Bug	der vordere Teil eines Schiffes
Bugspriet	über den Bug hinausragender Baum, dient zur Befestigung der Stagen des Fockmastes, trägt außerdem das »Vorgeschirr«
dwars	quer, rechtwinklig zur Kielrichtung
Dwarslinie	Nebeneinanderfahren mehrerer Schiffe auf gleicher Höhe, mit gleichem Kurs und gleicher Geschwindigkeit
entern	übersteigen auf ein feindliches Schiff oder ersteigen eines Mastes
Eskader	(Escadre) Geschwader, Schiffsverband
Etmal	der von Mittag bis Mittag zurückgelegte Schiffsweg
Flaggengala	(kleine) an jedem Toppmast (Vortopp, Großtopp, Kreuztopp) weht eine Kriegsflagge
Flaggschiff	Schiff, welches das Kommandozeichen (Flagge, Stander, Wimpel) eines Flaggoffiziers (z. B. Konteradmiral) führt. In der österreichischen Kriegsmarine »Flaggenschiff«
Flotte	Gesamtheit aller Schiffseinheiten eines Landes
Flottille	Teilstreitkraft, bestehend aus mehreren Schiffsverbänden/ Geschwadern
Fockmast	der vorderste Mast eines vollgetakelten Schiffes
Geschirr	alles zur Takelage gehörende Gerät
Geschwader	Zusammenfassung von mindestens zwei Schiffen
Glattdeck	durchgehendes Oberdeck ohne Aufbauten
Großmast	zweiter Mast von vorn eines vollgetakelten Schiffes
Heck	der hintere Teil eines Schiffes

heißen	(hissen) hochziehen eines Segels oder einer Flagge
Kaperschiff	Kriegsschiff, das gegnerische Handelsschiffe überfällt, um sie als Prise »aufzubringen«
kappen	abschlagen von Tauen, Trossen oder Masten
Kiellinie	(in) genaue Hintereinanderfahrt
Kimm	der sichtbare Horizont
Klüverbaum	Verlängerung des Bugspriets
Knoten	Angabe der Schiffsgeschwindigkeit (in Seemeilen pro Stunde)
Kommodore	Befehlshaber eines Schiffsverbandes, welcher nicht Flaggoffizier ist
Konteradmiral	(Kontreadmiral) der niedrigste Rang eines Flaggoffiziers
Kreuzmast	dritter Mast von vorn eines vollgetakelten Schiffes
Lage	(auch Breitseite) alle Kanonen einer Schiffsseite, daher auch »... dem Feind eine volle Lage geben ...«
laufendes Gefecht	feindliche Schiffe befinden sich in Kiellinie auf Gefechtsabstand und steuern die gleiche Richtung
laufendes Gut	Tauwerk, welches zum Bedienen der Segel und Rahen benötigt wird
Lee	die dem Wind abgewandte Schiffsseite
Luv	die dem Wind zugewandte Schiffsseite
Mars	hölzerne Plattform am oberen Ende eines Untermastes – Ausguck
Marssegel	zweites Rahsegel von unten
Mole	schützender Damm vor einer Hafeneinfahrt
Passiergefecht	feindliche Schiffe laufen in Kiellinie auf Gefechtsabstand in entgegengesetzter Richtung. Im Gegensatz zum laufenden Gefecht, bei welchem vorwiegend Breitseiten abgegeben werden, feuert beim Passiergefecht jedes Geschütz, sobald sich ein Ziel bietet
Persenning	Bezug aus Segeltuch zum Schutz vor Nässe, z. B. Luken- oder Geschützpersenning
Pforte	durch Klappen verschließbare Öffnungen in der Bordwand, z. B. Geschützpforten, Wasserpforten usw.
Prise	»gekapertes oder aufgebrachtes« Schiff oder dessen Ladung, welches von einem feindlichen Schiff genommen wurde
Rah	Querbäume an den Masten zum Anschlagen (Festmachen) der Segel
Rauchkleid	Persenning-Überzug zum Schutz der gerefften Segel vor dem Schornsteinruß der Dampfmaschine
Reede	gegen Wind und Seegang ungeschützter Ankerplatz außerhalb des Hafens
Reling	offenes, aber festes Geländer als Begrenzung freiliegender Decks und Decksöffnungen (nicht Schanzkleid)
Schanzkleid	meist mannshohe Verlängerung der Bordwand nach oben rings um das Oberdeck, um Überbordgehen von Personen und Gegenständen zu verhindern. Auf Kriegsschiffen als zusätzlicher »Schutz« im Gefecht

Schiffstypen	Kanonenboot: max. 5 Geschütze Brigg: max. 10 Geschütze, 2 vollgetakelte Masten Korvette: max. 20 Geschütze, 2 vollgetakelte Masten Fregatte: max. 50 Geschütze, 3 vollgetakelte Masten Linienschiff: max. 100 Geschütze, 3 vollgetakelte Masten, mehrere Batteriedecks
Seemeile	(sm) englisch 1853 Meter, deutsch 1852 Meter
stehendes Gut	Tauwerk, welches nicht bewegt wird und zum Stützen von Mast und Stengen dient Stagen = die den Mast nach vorn stützenden Taue Pardunen = die den Mast nach hinten stützenden Taue Wanten = die den Mast seitwärts stützenden Taue, gleichzeitig durch waagrechte Leinen als »Leiter zum Aufentern« ausgearbeitet
Stenge	abnehmbarer Teil des Mastes, z. B. Marsstenge, Bramstenge usw.
Steuerbord	in Richtung Vorsteven gesehen, die rechte Schiffsseite
Steven	Weiterführung des Kiels an beiden Schiffsenden – Vorsteven/Achtersteven
Takelage	Gesamtheit der Besegelung einschließlich dem dazu gehörenden stehenden und laufenden Gut

Das österreichische

Geschwader in der Nordsee

QUELLEN- UND LITERATURVERZEICHNIS

Árvay, Friedrich von: Handbuch des Seemannswesens, Wien 1918.

Bagenski-Seeben, von: Geschichte des königlich-preußischen 4. Garde-Regiments zu Fuß 1860–1913, Berlin 1914.

Baumgartner, Lothar: Gedanken und Streiflichter zum Feldzug 1864, in: Zeitschrift der Arbeitsgemeinschaft für österreichische Marinegeschichte; Marine – gestern, heute, 4. Heft, Wien 1978.

Beer, Adolf: Aus Wilhelm von Tegetthoff's Nachlaß, Wien 1882.

Bianchi, Leonhard: Als Seekadett auf der Schwarzenberg 1864 (Privatdruck 1904), in: Zeitschrift der Arbeitsgemeinschaft für österreichische Marinegeschichte; Marine – gestern, heute, 4. Heft, Wien 1978.

Busch, Fritz Otto/Ramlow, Gerhard: Deutsche Seekriegsgeschichte, Gütersloh 1940.

Chesneau, Roger/Kolesnik, Eugene: Kriegsschiffe der Welt 1860–1905, Koblenz 1985.

Deitl, F. (Herausgeber): Unter Habsburgs Kriegsbanner, Dresden u. a. 1899.

Der große PLOETZ. Auszug aus der Geschichte, Freiburg i. B. 1986.

Dick, C./Kretschmer, O.: Handbuch der Seemannschaft, Berlin 1893.

Festschrift zur Fünfzig-Jahr-Feier der Schlacht von Oeversee (6. Februar) 1864–1914, herausgegeben von der »Belgier«-Vereinigung in Wien, Wien 1914.

Fischer, Friedrich von: Der Krieg in Schleswig und Jütland im Jahre 1864. Nach authentischen Quellen bearbeitet im k. k. Generalstabs-Bureau für Kriegsgeschichte, Wien 1870.

Gröner, Erich: Die deutschen Kriegsschiffe 1815–1945, München 1966.

Gründorf von Zebegény, Wilhelm: Memoiren eines österreichischen Generalstäblers 1832–1866, Stuttgart 1913.

Hegenbarth, Hans: Furchtlos und treu, Graz 1982.

Lütken, O.: Die Nordsee-Escadre und das Seegefecht bei Helgoland am 9. Mai 1864; autorisierte deutsche Übersetzung, Pola 1886.

Militärgeschichtliches Forschungsamt (Hrsg.): Band V, Deutsche Marinegeschichte der Neuzeit, München 1977.

Müller, Klaus: 9. Mai 1864 – Das Seegefecht bei Helgoland, in: Truppenzeitschrift der Marine Blaue Jungs Nr. 1, Bonn 1990.

Paschen: Zum 40jährigen Gedenktage des Seegefechts bei Helgoland am 9. Mai 1864, in: Marine-Rundschau Heft 5, Berlin 1904.

Paschen: Aus der Werdezeit zweier Marinen, Berlin 1908.
Plagemann, Volker: Vaterstadt, Vaterland, schütz dich Gott mit starker Hand. Denkmäler in Hamburg, Hamburg 1986.
Rossen, Hans Adolf: Eine einzigartige Institution. Das Stammkomitee von 1864 und der Oeverseemarsch, in: Kreis-Chronik 1988/89, Handbuch für den Kreis Schleswig-Flensburg, Flensburg 1988.
Röhr, Albert: Deutsche Marinechronik, Oldenburg u. a. 1974.
Schmalenbach, Paul: Kurze Geschichte der k. u. k. Marine, Herford 1970.
Sokol, A. E.: Vor hundert Jahren – Das Seegefecht von Helgoland, in: Marine-Rundschau 61, München 1964.
Sokol, A. E.: Seemacht Österreich. Die Kaiserliche und Königliche Kriegsmarine 1382–1918, Wien u. a. 1972.
Sokol, Hans Hugo: Des Kaisers Seemacht. Österreichs Kriegsmarine 1848–1914; Wien u. a. 1980.
Steinböck, Wilhelm (Herausgeber): Graz als Garnison, Graz 1982.
Sterneck, von: Admiral Max Freiherr von Sterneck. Erinnerungen aus den Jahren 1847–1897, Wien u. a. 1901.
Stolz, Gerd: Kriegsgräber von 1848/51 und 1864 im Kreis Schleswig-Flensburg. Herausgegeben von der Idstedt-Stiftung, Schleswig 1980.
Treene-Spiegel. Informationen aus den Gemeinden Oeversee, Sankelmark, Sieverstedt, Tarp – Ausgabe Februar 1986, Tarp 1986.
Waitz, Georg: Kurze Schleswigholsteinische Landesgeschichte, Kiel 1864.
Wallisch, Friedrich: Die Flagge Rot-Weiß-Rot, Leipzig 1942.
Werner, Reinhold von: Bilder aus der deutschen Seekriegsgeschichte, München 1899.
Zeitung für das Amt Ritzebüttel, dessen Hafen und Umgegend; verschiedene Ausgaben 1864.

ABBILDUNGSNACHWEIS

Privatbesitz Klaus Müller: 9, 11, 18/19, 25, 28, 31, 34, 35, 36, 42, 43, 50/51, 58, 59, 60, 62/63, 71, 74/75, 76, 82/83, 85, 89, 91, 92/93, 94/95, 96, 100, 104, 105, 110/111, 114/115, 121, 132, 136, 137, 146/147

Stadtmuseum Graz: 2

Schriften der Schleswig-Holsteinischen Landesbibliothek, Band 10, Friedrich Brandt – Ein Pionier der Photographie in Schleswig-Holstein: 27, 38, 40, 41, 45, 49, 53, 54, 55, 57, 118, 119

Deutsches Schiffahrtsmuseum Bremerhaven: 86, 87

Gemeinde Helgoland/Rathaus, Gemälde von A. Melbye: 140/141

Stadtarchiv Cuxhaven: 98, 99, 108

Umschlagbild: „Gefecht vor Helgoland" von C. Neumann, Deutsches Schiffahrtsmuseum, Bremerhaven